Nadina-Maria Kress
Andreas von Studnitz

TEAMFÜHRUNG: GEMEINSAM ZUM ZIEL

Ein Handbuch für alle, die Führungskraft
geworden sind oder werden

Rowohlt Taschenbuch Verlag

Originalausgabe
Veröffentlicht im Rowohlt Taschenbuch Verlag
GmbH, Reinbek bei Hamburg, Juli 2000
Copyright © 2000 by Rowohlt Taschenbuch
Verlag GmbH, Reinbek bei Hamburg
Redaktion Wolfgang Müller
Umschlaggestaltung Notburga Stelzer
(Foto: VCL/Bavaria)
Satz Bembo PostScript (PageOne)
Gesamtherstellung Clausen & Bosse, Leck
Printed in Germany
ISBN 3 499 60928 2

Die Schreibweise entspricht den Regeln
der neuen Rechtschreibung.

Inhalt

Dank

Unser ganz besonderer Dank gilt unseren Vorgesetzten, Axel Hose, Programmdirektor und Chefredakteur von Radio Schleswig-Holstein, und Josef Messing, geschäftsführender Gesellschafter der Dieter Strametz & Partner GmbH. Sie haben es uns ermöglicht, dieses Buch neben unserer eigentlichen Arbeit zu schreiben. Ihr kontinuierliches Interesse hat uns immer wieder motiviert weiterzuschreiben.

Dankbar sind wir darüber hinaus unseren Kolleginnen und Kollegen, die uns ermunterten, uns aber auch mit vielen Beispielen aus ihrer Erlebniswelt wertvolle Hinweise und zusammen mit den unzähligen anderen Gesprächspartnern einen sehr guten Überblick über gelungene und weniger gute Beispiele von Teamführung in deutschen Wirtschaftsunternehmen gaben.

Unser besonderer Dank gilt schließlich Inken Nölting-Hansen, die mit viel Akribie die Grafiken erstellte, sowie unserer Freundin Ulrike Hübner, die in vielen Stunden reichlich Schreibfehler gefunden hat.

Ohne all diese Unterstützung gäbe es unser Buch nicht.

Kiel, im Winter 1999/2000
Nadina-Maria Kress und Andreas von Studnitz

Sie haben es also geschafft, und die viele Arbeit hat sich gelohnt. Vielleicht kam das Angebot, Mitarbeiter zu führen, auch völlig überraschend – auf jeden Fall sind Sie zur Abteilungsleiterin aufgestiegen, zum Filialleiter, zur Chefin, zum Boss, nennen Sie es, wie Sie wollen. Ihr Gehaltsscheck ist ansehnlicher geworden und damit auch Ihre Verantwortung. Sie sind jetzt Vorgesetzter.

Zur Freude über das erste eigene Büro in Ihrer Firma oder über die ersten Angestellten im eigenen Betrieb gesellt sich bald das bedrohliche Gefühl, überfordert zu sein. Denn Sie kennen sich hervorragend darin aus, Ihre Arbeit zu tun und Ihre Bücher zu führen, aber vom Menschenführen verstehen Sie noch nicht viel. Völlig unabhängig davon, wie Sie zur Führungsaufgabe gekommen sind: Niemand hat Ihnen erklärt, wie Sie mit Ihren Mitarbeitern sprechen sollen, wie Sie die Arbeit effektiv einteilen können, welche Probleme auf Sie warten, und schon gar nicht, welche Lösungsmöglichkeiten es gibt. Und nicht zuletzt: Wie soll Ihre Arbeitszeit für all diese Aufgaben ausreichen? Selbst mit Überstunden brauchen Sie ein gutes Zeitmanagement. Ihre Firma hat keinen Personalberater beauftragt, der Sie bei der Ordnung dieser Aufgaben unterstützt. Sie waren sich nicht darüber im Klaren, wie schwierig das werden kann und wie unübersichtlich alles auf den ersten Blick erscheint. Sie haben sich gedacht: «Ach was, ich verlasse mich auf meinen gesunden

Menschenverstand ... mein letzter Chef hat das auch geschafft ...»

Wenn Sie sich überlegen, wie viel davon abhängt, dass Ihre Mitarbeiter gut arbeiten, sich gegenseitig verstehen und ihre ganze Energie in Ihrem Sinn aufwenden, ist das ein ziemlich kühner Gedanke. Sie kennen die Situation des Unternehmens – wenigstens zum großen Teil. Sie sind über Strategien und Projekte informiert. Ihre Mitarbeiter sind das nicht immer. Deswegen müssen Sie den ersten Schritt machen. Oder den ersten Marathonlauf, wenn Sie so wollen. Erklären Sie den Menschen um sich herum, was Sie von ihnen erwarten und warum. Je offener Sie in diesem Punkt mit Ihren Mitarbeitern umgehen, desto vertrauensvoller werden diese wahrscheinlich später mit Ihnen zusammenarbeiten.

Und unterschätzen Sie auch diese Tatsache nicht: Ab sofort sind Sie von den üblichen Informationswegen, vom «Flurfunk», zum Beispiel beim Becher Kaffee in der Kantine, weitgehend abgeschnitten. Sie werden schnell spüren, dass Ihre Mitarbeiter Acht geben, was sie Ihnen wann erzählen. Machen Sie das niemandem zum Vorwurf: Unter Umständen spüren Ihre Mitarbeiter schneller als Sie selbst, dass sie abhängig sind von Ihnen. Sie sind der Vorgesetzte! Und um es ganz deutlich zu sagen:

Sie sind es ganz allein.

Glücklicherweise sind Sie nicht der erste Mensch in dieser Situation. Und nach Ihnen kommen noch viele andere, die sich mit denselben Hoffnungen und Sorgen herumplagen. Natürlich haben Sie Recht, gesunder Menschenverstand ist eine hervorragende Voraussetzung, um eine gute Führungskraft zu werden. Leider hat Ihr Betrieb entweder kein Geld oder kein Interesse, Sie vorab auf Seminare für angehende

Führungskräfte zu schicken. Doch in den nächsten Monaten haben Sie sowieso keine Zeit mehr dafür.

Lassen Sie sich nicht einreden, dass es für jedes Problem in der Zusammenarbeit mit Ihren Mitarbeitern eine Lösung gibt. Das stimmt nicht. Denn entweder können Sie mit einer Person zusammenarbeiten, oder Sie können es nun einmal nicht. Und das betrifft nicht nur Sie selbst, sondern auch die Mitarbeiter untereinander. Aber erst einmal müssen Sie Ihrem Team und jedem einzelnen Mitarbeiter eine Chance geben. Auch wenn Sie sich möglichst schnell darüber im Klaren sein sollten, aus welcher Richtung Sie Gegenwind erwarten und bei wem Sie mit Unterstützung rechnen können, kalkulieren Sie mit ein, dass gerade ein guter Bekannter Ihnen die neue Position neidet, weil er sich selbst vielleicht Chancen darauf ausgerechnet hat. Versuchen Sie, diesen Aspekt im Blick zu behalten!

Sie werden von Ihrer neuen Aufgabe nicht nur finanziell profitieren, Sie werden auch Seiten an sich selbst entdecken, die Sie bisher noch nicht kannten. Sie werden selbstbewusster, Sie werden in der Lage sein, schneller Entscheidungen zu treffen und Ihre Fehler deutlicher zu erkennen. Bis dahin helfen wir Ihnen, einige Dinge über die Zusammenarbeit mit Mitarbeitern zu verstehen. Denn so unterschiedlich Menschen nun einmal sind, viele Verhaltensweisen und Einstellungen gleichen sich dennoch:

– Wir haben ähnliche Bedürfnisse: Anerkennung, Zustimmung, Harmonie, Macht etc.
– Situationen, in denen offener oder unterschwelliger Streit aufkommt, gleichen sich.
– Menschen verändern sich und entwickeln neue Zielvorstellungen.

– Durch solche Veränderungen kommen auch Stärken und Schwächen in neuer Ausprägung ans Tageslicht.

Diese Situationen sind unvermeidbar und treten auch in einer sehr gut geführten Firma immer wieder auf. Deswegen sollten Sie Ihre Mitarbeiter beobachten. Versuchen Sie, über wichtige private Veränderungen informiert zu sein, und achten Sie darauf, wie Ihre Mitarbeiter miteinander umgehen, das heißt, wie sich im Team Antipathien und Sympathien verschieben.

Veränderungen in der Leistung merken Sie ohnehin schneller, als Ihnen lieb ist. Sie sollten wissen, wie Sie reagieren können und was auf keinen Fall passieren darf. Schlechte Teams, zerstrittene Abteilungen und auf die Spitze getriebene Cliquenwirtschaft haben schon viele Unternehmen Unsummen oder sogar die Existenz gekostet.

Auch wenn diese Probleme auftauchen, glauben Sie um Himmels willen nicht, dass sie immer wiederkommen und dass es keinen Ausweg daraus gäbe. Das ist ein Trugschluss, der sich von mangelndem Wissen und der schlichten Trägheit vieler Führungskräfte und Mitarbeiter ernährt. Selbstverständlich kostet es Sie Zeit und Mühe, sich über die Situation einer Gruppe und eines jeden einzelnen Mitarbeiters Gedanken zu machen. Noch mehr Zeit brauchen Sie, um einen Ausweg zu finden. Wichtig ist, dass Sie einfache Hilfsmittel nutzen. Flipchart und obligatorischer Edding wirken kompetent, aber ganz normales Papier und ein Kugelschreiber tun es genauso gut. Schreiben Sie die Namen Ihrer Mitarbeiter auf, ordnen Sie deren Verantwortungsbereiche, machen Sie eine Kurzbeschreibung der Ihnen schon bekannten Stärken und der Potentiale, die vielleicht noch nicht ausreichend genutzt werden. So erhalten Sie einen Überblick über die Situation in Ihrem Team, über bisherige Aufgabenverteilungen, mögliche

Überschneidungen und Chancen besserer Nutzung von Energien und Begabungen.

Es wird Ihnen dadurch leichter fallen, Entscheidungen zu treffen. Auch daran werden Sie sich gewöhnen. Und bis Sie mit großer Wahrscheinlichkeit das Richtige tun, sehen Sie immer wieder in dieses Buch. Unter dieser Voraussetzung werden Sie es übrigens wirklich lange immer wieder aufschlagen, denn «das Richtige» existiert sowieso nicht. Für jedes Problem, für jede schwierige Situation, gibt es mehrere Lösungen.

Am besten, Sie empfinden diese Situation nicht als Belastung, sondern als eine ganz besondere Art der Herausforderung. Ihr dürfen sich nur wenige Arbeitnehmer innerhalb eines Betriebes stellen. Wer hat schon ein eigenes Büro und stellt selbst Mitarbeiter ein? Wer leitet eine ganze Abteilung? Oder ein Team, von dem Leistung erwartet wird? Sie haben also eine schwierige Aufgabe in Angriff genommen und sind dennoch privilegiert. «Man» traut Ihnen zu, dass Sie einen Weg finden werden, um Menschen zu führen, ob es sich bei «man» nun um Ihre Firmenleitung oder um Ihre kreditgebende Bank handelt. Wir wollen Ihnen **Mut** machen. Nur wenn Sie wirklich mutig sind, haben Sie keine Angst vor Ihrer neuen Aufgabe und vor Ihren Mitarbeitern. Mit Angst erkennen Sie Probleme zu spät und schätzen Situationen falsch ein. Außerdem werden Sie Ihre private Umgebung auf Dauer belasten, wenn Sie konstant gereizt und verspannt sind. Mit etwas Pech geht Ihre Beziehung sogar in die Brüche. Denn vielleicht machen Sie, wie viele andere Führungskräfte, den Gedankenfehler, es müsse alles so sein, wie es sich im Moment darstellt. Niemand wird in eine Führungsaufgabe gezwungen. Sie haben darauf hingearbeitet, eine solche Position innerhalb

Ihres Unternehmens zu erhalten, und Sie haben das Angebot angenommen. Werden Sie zu einer Führungskraft, die mit Freude, Neugierde, Mut und viel Energie die Mitarbeiter führt.

Lassen Sie sich also von uns Mut zum Team machen. Wir erklären Ihnen,
- warum sich die Arbeit im und für das Team lohnt,
- dass zwischen einer Gruppe und einem Team Welten liegen,
- wie ein Team funktioniert,
- wie Sie zusammenarbeiten und dennoch führen,
- wie Sie die Arbeit verteilen,
- wie Sie sich organisieren,
- wie Sie Ihre Zeit einteilen,
- wie Sie Ihre Mitarbeiter motivieren,
- was Sie gegen Druck von unten und von oben tun können,
- wie Sie Ziele und Visionen entwickeln,
- wie Sie selbst kommunikativer werden.

Ziehen Sie sich nicht zurück! Denn um das Führen kommen Sie nicht mehr herum. Und auch nicht um Auseinandersetzungen und Probleme. Wenn Sie in unserem Buch weiterlesen, wird es Ihnen leichter fallen zu reagieren. Und mehr noch: Sie werden schon vorher wissen, wann welcher Konflikt ansteht!

Lassen Sie sich von uns überzeugen, dass Sie mit Transparenz weiter kommen als mit einer undurchsichtigen Informationspolitik und dass Sie sich als verlässlicher Partner Ihrer Mitarbeiter einen Vertrauensvorschuss erarbeiten, der sich später in schwierigen Situationen auszahlen wird.

Denken Sie nicht, Teamarbeit bedeute chaotisches und unstrukturiertes Arbeiten. Oder dass Team meint: «Wir haben uns alle lieb.» Ihr Team arbeitet genau so, wie Sie es vorgeben. Und selbstverständlich braucht Ihr Team neben der Motivation durch Belohnung, Transparenz und Information auch Kontrolle. Dieses Wort sollte Sie nicht abschrecken. Wenn Sie Ihre Mitarbeiter ganz offen kontrollieren, haben Sie nämlich auch die Möglichkeit, zu loben und zu kritisieren. Machen Sie sich Notizen, besprechen Sie offene Fragen oder Auffälligkeiten sofort, und notieren Sie sich ebenfalls die Reaktion des Mitarbeiters. Greifen Sie nach einiger Zeit auf diese Notizen im Beisein Ihres Mitarbeiters zurück, und kontrollieren Sie, ob eine Verbesserung eingetreten ist.

Wenn Sie gerade der Meinung sind, alles läuft wie geschmiert, passiert vielleicht etwas, das alles verändert: Ihr bester Mitarbeiter kündigt, Ihr Unternehmen schlägt einen neuen Kurs ein. Das Wort «Verschlankung» steht in diesem Zusammenhang für nichts anderes als einen Sparkurs, der Mitarbeitern den Job kosten wird. Trotzdem, fürchten Sie sich nicht vor Veränderungen, denn sie bieten Ihnen auch Vorteile. Die Karten werden neu gemischt.

- Sie können Ihren Mitarbeitern zeigen, dass Sie für ihre Interessen eintreten.
- Sie haben die Möglichkeit, alte Teams aufzulösen und neue zu bilden.
- Vielleicht ist es Zeit für eine Kündigung oder ein neues Gesicht im Team.
- Sie motivieren Ihr Team, wenn Sie sich Vorschläge Ihrer Mitarbeiter anhören und gegebenenfalls in Ihr Lösungskonzept einarbeiten.

Wenn Sie sich nun die gute alte Arbeit in der Abteilung mit

den herkömmlichen, starren Hierarchien zurückwünschen, führen Sie sich bitte schnell vor Augen, dass die Vorteile einer erfolgreichen Teamarbeit auf der Hand liegen:

- Ihre Mitarbeiter arbeiten viel motivierter und bringen bis zu 50 Prozent mehr Leistung.
- Ihr Unternehmen spart Geld, weil es weniger teure Führungskräfte bezahlen muss.
- Die Arbeitsatmosphäre wird besser, weil sich jeder Mitarbeiter aktiv einbringen kann.
- Sie können Aufgaben weiterleiten und haben so mehr Zeit für sich.

Einen großen Nachteil wollen wir Ihnen jedoch nicht verschweigen: Durch Teamarbeit spart Ihr Unternehmen natürlich Kosten – es zahlt niedrigere Gehälter für Mitarbeiter, die mehr leisten. Wenn Ihre Unternehmensleitung sieht, dass Sie Ihr Team motiviert zum Erfolg führen, dass Sie mit Ihrem Team also schlicht und ergreifend Geld verdienen, sollten Sie darauf vorbereitet sein, unter Umständen einen Mitarbeiter zu verlieren. Sie haben ihn selbst «wegrationalisiert», weil Sie erfolgreich sind. Wenn die Arbeit mit sieben Mitarbeitern so hervorragend erledigt worden ist, dann muss es doch auch mit sechs Leuten klappen. So denkt Ihre Firmenleitung. Denn der «shareholder value» muss im nächsten Quartal noch weiter hochgetrieben werden.

So hatte beispielsweise der Abteilungsleiter für Design eines Küchenmöbelherstellers, als er die Position übernommen hatte, den Ehrgeiz, mehr als 50 Prozent der Mitarbeiter einzusparen. Innerhalb weniger Monate hatte er seine Abteilung «verschlankt» und stellte zufrieden fest, dass mehr geschafft wurde und die Qualität sogar gesteigert worden war. Der Hersteller verkaufte immer mehr Küchen, die Auftragslage besserte sich weiter, und damit fiel auch immer mehr Arbeit für die zusammengeschrumpfte Design-abteilung an. Schon längst waren die Mitarbeiter nicht mehr nur ausgelastet, sondern überfordert, und die Stimmung wurde schlechter: Das Team fühlte sich ausgenutzt. Der Abteilungsleiter forderte daraufhin bei der Geschäftsleitung neues Personal an und wurde sofort belehrt, dass kein Geld für mehr Angestellte vorhanden sei und dass es bisher ja auch ganz hervorragend geklappt hätte.

Wir werden Ihnen sagen, was Sie tun können, wenn Sie zum Sparschwein Ihrer Geschäftsführung gemacht werden sollen. Und für den Fall, dass Personalkürzungen unvermeidbar sind, sind Sie dann in der Lage, Ihrem Team eine neue Arbeitsverteilung überzeugend zu erklären und diese Veränderung zu Ihrem Vorteil zu nutzen.

Über das Thema «Team» wird in der Presse und in der Öffentlichkeit mitunter kontrovers berichtet. Eines der Argumente gegen die Teamarbeit lautet beispielsweise, dass Teams großartigen Einzelleistungen im Wege stünden oder diese sogar unterdrücken würden. Wir verstehen unter «Team» eine Arbeitsgruppe, die gut zusammenarbeitet und mit klar verteilten Aufgaben und Verantwortlichkeiten bei gutem Betriebsklima die vereinbarten Ziele sicher erreicht. Und in diesem Sinne ergänzen sich hervorragende Einzelleistungen und der Teamerfolg auf besonders gute Weise. Wir gehen sogar noch weiter und behaupten, dass die erfolgreiche Zusammenarbeit im Team herausragende Einzelleistungen fördert.

Sie können dieses Buch einfach von A bis Z durchlesen. Danach haben Sie ausreichend Werkzeug zur Hand, um aus Ihren Mitarbeitern ein oder mehrere Teams zu machen, die selbst Verantwortung tragen. Veränderungen werden Sie nicht mehr aus der Bahn werfen. Außerdem haben Sie einen theoretischen Unterbau, mit dem Sie so sicher auftreten können, dass Sie und Ihre Mitarbeiter sich wohl fühlen. Aber Sie können genauso gut nur jeweils das Kapitel lesen, das für Sie gerade in Ihrer Situation interessant ist.

Eine grundsätzliche Bemerkung noch vorab: Der Einfachheit halber haben wir uns entschieden, im folgenden Text nur von «dem Mitarbeiter» und «dem Vorgesetzten» zu sprechen. Wir wenden uns damit nicht gegen das leider immer noch viel zu häufig berechtigte Anliegen von Frauen, im Berufsleben genauso behandelt zu werden wie Männer. Uns erscheint jedoch die oft bevorzugte «geschlechtsneutrale Schreibweise» zu unpersönlich und das Zusammenschreiben der männlichen *und* weiblichen Form einfach sperrig, umständlich und unschön.

Bevor wir aber über Ihre Mitarbeiter sprechen: Wissen Sie eigentlich, was Ihre Mitarbeiter von IHNEN erwarten?

Ihr Verhalten gibt den Ton an. Sind Sie offen, kooperativ, verlässlich, ehrlich, engagiert, freundlich und wirklich an Ihren Mitarbeitern interessiert, ist die Chance, dass auch Ihre Mitarbeiter dies sind, sehr viel größer als im umgekehrten Fall. In einer Studie zur Frage «Fördern Führungskräfte die Zusammenarbeit ihrer Mitarbeiter?» stellten die Befragten Ihren Vorgesetzten ein geradezu peinlich schlechtes Zeugnis aus. Natürlich sind Sie nicht der einzige, der andere beurteilt. Ihre Mitarbeiter tun dies auch mit Ihnen. Das passiert allerdings hinter vorgehaltener Mitarbeiterhand und auch nur, wenn Sie nicht im Raum sind. Wenn Ihre Beurteilung bei einer zu großen Anzahl von Mitarbeitern schlecht ausfällt, nützen Ihnen die schönsten Team-Training-Methoden gar nichts. Dann sind Sie unglaubwürdig. Und damit gleichzeitig eine schlechte Führungskraft. Die Folgen für Ihr Unternehmen und auch für Sie persönlich sind wahrscheinlich verheerend.

Die genannten Umfrageergebnisse beruhen auf der Studie einer Hamburger Beratungsgesellschaft als Auftraggeber und der Hamburger Universität. Sie untersuchte, inwieweit Führungskräfte die Zusammenarbeit ihrer Mitarbeiter fördern, und wurde in den norddeutschen Küstenländern durchgeführt. Die Studie wurde mit wissenschaftlichen Methoden erarbeitet, ihre Ergebnisse sind repräsentativ.

«Meine Führungskraft wirkt in ihrem Verhalten selbst echt und glaubwürdig auf die Mitarbeiter.»
 3,4 % nie
10,9 % selten
25,3 % manchmal
38,4 % häufig
21,9 % immer

«Meine Führungskraft verhält sich den Mitarbeitern gegenüber eindeutig.»
 3,2 % nie
14,0 % selten
24,3 % manchmal
40,9 % häufig
17,6 % immer

«Meine Führungskraft gibt eigene Fehler offen zu.»
12,9 % nie
23,0 % selten

28,6 % manchmal
22,6 % häufig
12,9 % immer

Fast jeder zweite Chef hält also in den Augen seiner Mitarbeiter die Fiktion aufrecht, fehlerlos zu arbeiten. Dies muss auf Kosten der Glaubwürdigkeit gehen, denn jeder von uns entscheidet auch einmal falsch. Wenn Sie sich dann in einem schwierigen Moment, wenn es Ärger gibt, entweder von Kundenseite oder innerhalb der Firma, nicht ganz eindeutig vor Ihre Mitarbeiter stellen, haben Sie in kürzester Zeit alle Fehler gemacht, die einfach nicht passieren dürfen. Und genau davor wollen wir Sie bewahren. Wir möchten, dass Sie von Ihren Mitarbeitern ein besseres Zeugnis ausgestellt bekommen. In den meisten Fällen ist das Verhalten Ihrer Mitarbeiter eine Reaktion auf die Art und Weise, wie Sie sich als Führungsperson Ihrem Team und jeder einzelnen Person gegenüber verhalten. Wenn Sie aus Ihren Mitarbeitern verantwortungsvolle, mitdenkende, motivierte und offene Mitglieder eines erfolgreichen Teams machen wollen, dann leben Sie genau dies auch vor! Niemand kann von Ihnen erwarten, dass sofort alles klappt und Sie alles richtig machen. Geben Sie sich selbst und Ihren Mitarbeitern Zeit. Und sagen Sie Ihren Mitarbeitern immer wieder, warum Sie sich so und nicht anders verhalten.

Warum es sich lohnt, überhaupt mit anderen zusammenzuarbeiten? Weil es mehr Spaß macht. Weil viele Aufgaben zu komplex sind, um nur von Spezialisten allein bearbeitet zu werden. Weil nur im Team Strategien gefunden werden, um auf unterschiedliche Weise anspruchsvolle Ziele zu erreichen. Weil nur ein schlagkräftiges Team Erfolg hat und sich die Mitarbeiter immer wieder gegenseitig motivieren. Sie erfahren, wie Sie ein Team bilden, wie ein Team funktioniert, wie Rollen verteilt werden und sich entwickeln.

Warum sich Teamarbeit überhaupt lohnt

Im Team zu arbeiten kann manchmal anstrengender sein, als eine Aufgabe im Alleingang zu bewältigen. Wenn Sie allein arbeiten, brauchen Sie niemandem etwas zu erklären. Sie arbeiten nur so, wie es Ihnen in den Kram passt. Sie müssen sich keiner Kritik stellen. Sie «vertun» keine Zeit mit langwierigen Diskussionen, und es gibt keinen Reibungsverlust durch persönliche Querelen und Konflikte. Deswegen ist Arbeit im Team anstrengend. Korrekt. Allerdings: Es lohnt sich, denn nur im Team haben Sie den größtmöglichen Erfolg und Spaß!

Zunächst einmal müssen Sie Ihr Team zusammenstellen. Wenn Sie neue Mitarbeiter auswählen, stehen Entscheidungen an: «Wofür brauche ich jemanden?», «Wen nehme ich?», «Wen nehme ich nicht?», «Wer passt zu mir/uns?», «Wer erfüllt die Aufgaben am besten?» Wenn Sie in einem Unternehmen mit mehreren Angestellten arbeiten, denken Sie jetzt darüber nach, wer in Ihrem Team mitarbeiten soll und muss. Oder aber Sie finden ein festes Team vor und müssen das Beste aus der personellen Situation machen, die sich Ihnen gerade bietet. Es kostet Sie reichlich Zeit, Interesse und Energie, Ihre Mitarbeiter kennen zu lernen und ihre Stärken und Schwächen, Wünsche, Ängste und Bedürfnisse zu verstehen. Sie müssen auch Ziele und Strategien des Unternehmens und/oder des jeweiligen Projekts erklären. Sie müssen sich mit der Kritik Ihrer Mitarbeiter auseinander setzen. Und selbst wenn Ihre Mitarbeiter so «funktionieren», wie Sie sich dies erhoffen, müssen Sie weiter die Augen offen halten und den nächsten Konflikt schon erahnen, damit Sie so schnell wie möglich handeln können. Trotzdem liegen die Gründe, warum Ihnen die Arbeit im Team viel mehr Vorteile als Nachteile bringt, auf der Hand. Denn ein Team ist eine Art Frischzellenkur für Ihr Unternehmen. Das Team trägt zur inneren Erneuerung Ihres Betriebes bei, und Sie sitzen auf diese Weise mitten in einer lernenden Organisation. Das bedeutet für Sie: Ihre Firma erhält ständig neue Anregungen. Fehler kommen sofort und ohne Umwege (Kantinengespräch) zur Sprache. Ihre Mitarbeiter entwickeln sich weiter und stellen Ihnen mehr und neue Fähigkeiten zur Verfügung. Das alles kostet Ihr Unternehmen keinen Pfennig extra! Ganz im Gegenteil: Ihr erfolgreiches Team ist nämlich genau das, was man unter «lean management» versteht. Sie bauen gerade eine flache Hierarchie auf.

Vergessen Sie die oft riesigen und unbeweglichen Hierarchien besonders in Großbetrieben. Da gibt es den Vorstand, dann folgen Hauptabteilungsleiter, Abteilungsleiter, Gruppenleiter, Ressortleiter. Nach unten und nach oben sind der Titelwut in so mancher übergewichtigen Firma keine Grenzen gesetzt, und die Namen treiben endlose Stilblüten. So gibt es in einem großen deutschen Medienunternehmen so viele «ruhig gestellte» Bereichsdirektoren, denen aufgrund der Personalstruktur nur noch eine einzige Sekretärin direkt unterstellt ist und die zum Rest des Bereichs fast keinen Bezug haben, dass man mit ihnen ohne Probleme ein neues Unternehmen gründen könnte. Eine echte Aufgabe gibt es für solche Mitarbeiter nicht mehr. Dennoch existieren diese leitenden Angestellten, weil es noch immer preiswerter ist, sie jeden Monat zu entlohnen, als einmalig horrende Abfindungen zu zahlen. Diese «Schlupflöcher» können sich nur Riesenunternehmen leisten. In Ihrem Betrieb sieht es möglicherweise nicht so aus, denn all diese führenden Mitarbeiter gehen richtig ins Geld. Auch dieser Grund für das erfolgreiche Team appelliert also an Ihr Budget: Sie sind Vorgesetzter und gleichzeitig ein Teil des Teams. Mehr Führungskräfte werden nicht gebraucht, denn Ihr Team funktioniert ohne jede weitere Führung und Hierarchie. Natürlich haben Sie Fachleute für bestimmte Aufgaben, aber niemand steht «über» oder «unter» einem anderen Teammitglied. Sie sparen also Geld für weitere hoch qualifizierte und teure Führungskräfte.

Als Einzelkämpfer sind Sie eindeutig überfordert

Dank Teamarbeit handeln Sie besonders produkt- und marktorientiert! Denn Ihr Kunde muss Sie und Ihre Produkte teuer bezahlen. Es ist dabei völlig einerlei, ob Sie Zahnpasta, Schuhsohlen oder Dienstleistungen verkaufen. Kein Wunder also, dass Ihr Kunde für sein Geld das Beste und Neueste haben will, was er auf dem Markt bekommen kann. Was Sie allerdings sofort unter Druck setzt, denn Sie müssen Ihr Produkt dem Markt immer wieder mit Hochgeschwindigkeit anpassen. Schließlich soll Ihr Kunde Ihnen treu bleiben, und Sie wollen möglichst viele neue Kunden dazugewinnen. Wenn Sie jetzt sagen, die Kundenwünsche interessieren Sie nur zum Teil, da Sie neue Maßstäbe setzen, ist Ihr Druck umso größer, denn Sie müssen noch schneller sein. Nicht nur, was die Weiterentwicklung angeht, sondern auch in der Marktforschung und sogar bei Ideen für ganz neue Produkte. Der Markt verändert sich rasant schnell und die Wünsche Ihrer Kunden ebenso. Deswegen stehen Sie unter Zeitdruck, sich so schnell wie möglich neuen Bedingungen anzupassen. Das ist ohne ein funktionierendes Team kaum mehr zu leisten. Egal, ob Sie die Dekoration Ihrer Filiale auf den neuesten Stand bringen wollen oder in der Halbleiterforschung vorankommen müssen, um weiterhin mitzuhalten und Ihre Position auszubauen. Die Aufgaben, die Sie zu erfüllen haben, bestehen aus viel zu vielen Einzelteilen (Marktforschung, Analyse, Idee, Konzept, Weiterentwicklung, Neuentwicklung, Produktion, Vertrieb, PR etc.), für die Sie auf das Spezialwissen unterschiedlicher Mitarbeiter einfach angewiesen sind. Den größten Vorteil vor der Konkurrenz verschaffen Sie sich, wenn all diese Mitarbeiter auch noch miteinander über Aufgaben und Projekte reden und so die besten Lösungen entwickeln. Viele Unternehmen können sich Spezialisten leisten. Aber nur wenige Betriebe schaffen es, Teams von Spezialisten und fleißigen Arbeitskräften zu bilden.

Unterschätzen Sie den Spaßfaktor nicht

Dazu gesellt sich der «Spaßfaktor». Der ist nicht auf einer Skala zu messen wie Celsiusgrade auf dem Thermometer. Und Sie können den Spaßfaktor auch nicht unbedingt eins zu eins in Heller und Pfennig umrechnen. Er ist das Gegenstück zu den persönlichen Auseinandersetzungen, die es immer dort gibt, wo Menschen irgendetwas zusammen tun. Und sei es die Arbeit im Büro oder im Geschäft. Der Spaßfaktor wiegt alle Streitigkeiten auf. Seine positive Wirkung besteht darin, dass Sie und Ihre Mitarbeiter Interesse am jeweils anderen entwickeln. Je mehr Sie voneinander wissen, desto einfacher ist es, sich aufeinander einzustellen und miteinander schwierige Situationen zu meistern. Diese schwierigen Situationen können im Beruf entstehen, etwa wenn Ihr Unternehmen oder Ihre Abteilung aus irgendeinem Grund unter Druck gerät. Wenn Sie also schnell auf eine neue Situation reagieren müssen und Veränderungen nicht ausweichen können, sondern sie direkt angehen müssen. Oder einer Ihrer Mitarbeiter hat Stress zu Hause, etwa Probleme mit dem Partner oder den Kindern. Und das strahlt nun wie ein rheumatisches Kniegelenk auf den ganzen Körper, das Arbeitsteam, aus. Wenn Ihre Mitarbeiter entspannt miteinander umgehen, werden solche Situationen aufgefangen. Dann lähmt auch keine Angst mehr, sondern sie wird in einem angemessenen Rahmen aufgefangen, mit dem alle umgehen können.

Der Spaßfaktor ist der Nährboden, auf dem neue Ideen Ihrer Mitarbeiter wachsen und sich auch ans Tageslicht trauen. Außerdem motiviert er Ihre Mitarbeiter. Für ein Unternehmen, das seine Angestellten mit Freude arbeiten lässt, opfert jeder Angestellte gerne die eine oder andere Überstunde.

Auch nach Feierabend denken Ihre Mitarbeiter über ein wichtiges Projekt nach. Außerdem führt der Spaß bei der Arbeit auch dazu, dass sich jeder im Team für die eigene Arbeit und auch für die Arbeit des Kollegen verantwortlich fühlt. Zum einen bekommen Sie also jetzt hochwertige Leistung von Ihrem Mitarbeiter. Zum anderen wird er mit allen Dingen und Materialien, die Sie ihm zur Verfügung stellen, vom Dienstauto bis zum Kopierpapier, wahrscheinlich ordentlicher umgehen. Ihr Mitarbeiter fühlt sich als Teil des Unternehmens. Es ist für ihn vielleicht sogar ein Stück Familie. Deswegen geht er mit allem so um wie mit den Sachen zu Hause, die ihm wichtig sind. Schließlich setzt hier eine positive gegenseitige Kontrolle ein. Denn jedem Ihrer Mitarbeiter ist klar, dass er nicht nur vom eigenen Können abhängig ist, sondern ebenso auch von dem der anderen. Das darf allerdings nicht dazu führen, dass Fehler oder Versäumnisse von Kollegen gemeldet werden, die sich selbst wichtig machen wollen. Entscheidend ist, dass Ihre Mitarbeiter sich gegenseitig darauf aufmerksam machen und niemals entweder nur stumpf «nach Vorschrift» oder aber verbissen nebeneinanderher arbeiten.

Versuchen Sie, das Image Ihrer Gruppe dahin gehend aufzuwerten, dass Arbeit in Ihrem Team Spaß macht. Dann werden Sie eine geringere Mitarbeiterfluktuation haben und schnell die besten Mitarbeiter innerhalb des Hauses oder auch Kollegen aus einem anderen Betrieb problemlos rekrutieren können. Denn alle Umfrageergebnisse unter deutschen Arbeitnehmern sagen deutlich: Bei der Auswahl des neuen Arbeitgebers stehen ein gutes Betriebsklima, Spaß und interessante Aufgaben ganz vorn, deutlich vor der Höhe des Einkommens. Das funktionierende Team wird Ihnen also erstens

Kosten sparen, zweitens, weil es erfolgsorientiert arbeitet, bares Geld bescheren und drittens die besten zur Verfügung stehenden Mitarbeiter sichern. Für das Team ist die gute Zusammenarbeit essentiell, denn über kurz oder lang sichert sie den eigenen Arbeitsplatz.

Hand und Fuß: Sie erkennen den Rahmen

Vertun Sie keine Zeit, denn gleich zu Anfang stellen Sie die Weichen für die zukünftige Arbeit des Teams. Deswegen sollten Sie bereits in den ersten Tagen versuchen, sich einen möglichst lückenlosen Überblick über Ihren neuen Verantwortungsbereich zu verschaffen. Halten Sie sich dazu das «Tagesgeschäft» weitgehend vom Hals. Das können die Mitarbeiter erledigen, die es vorher auch getan haben. Denn spätestens jetzt müssen Sie Ihre persönliche Strategie entwickeln. Wir schlagen Ihnen den übersichtlichsten Weg vor: Arbeiten Sie von außen nach innen, vom Allgemeinen zum Speziellen.

Die Organisationsstruktur

Sie wollen genau wissen, welche Position Ihr Team innerhalb des übergeordneten Systems hat. Bitte zeichnen Sie sich Ihren kompletten Betrieb auf:

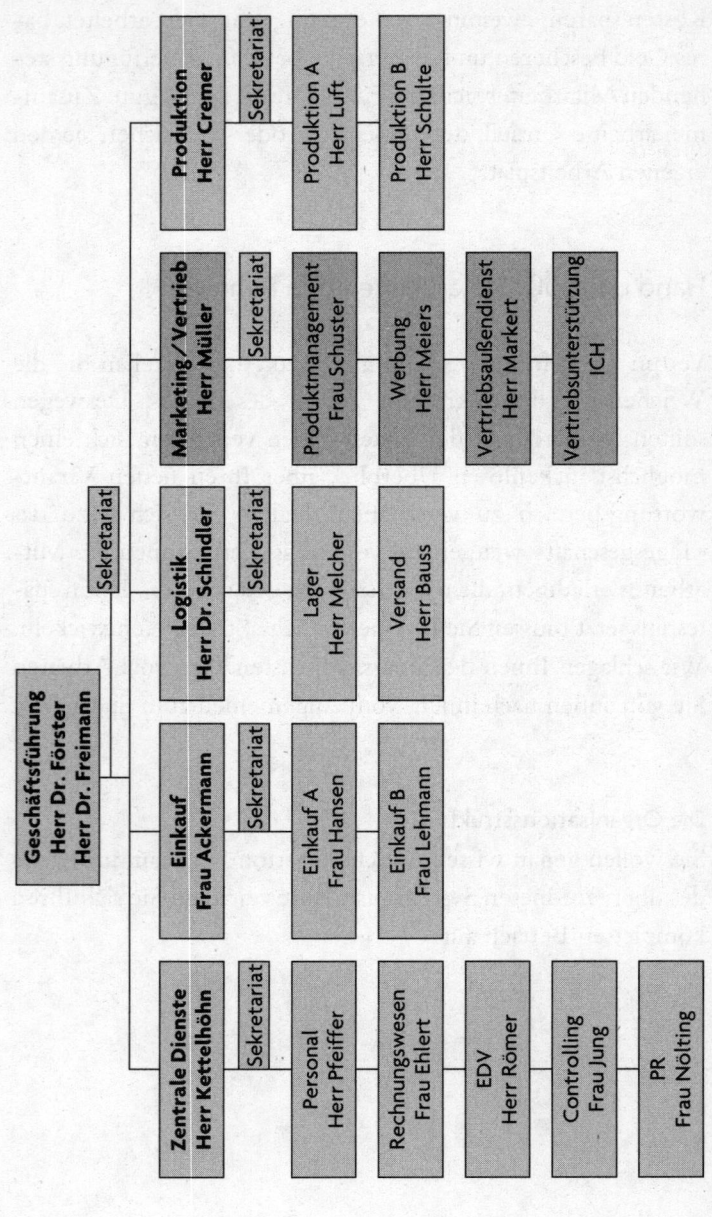

Geschäftsführung
Herr Dr. Förster
Herr Dr. Freimann
Sekretariat

Zentrale Dienste
Herr Kettelhöhn
Sekretariat
- Personal – Herr Pfeiffer
- Rechnungswesen – Frau Ehlert
- EDV – Herr Römer
- Controlling – Frau Jung
- PR – Frau Nölting

Einkauf
Frau Ackermann
Sekretariat
- Einkauf A – Frau Hansen
- Einkauf B – Frau Lehmann

Logistik
Herr Dr. Schindler
Sekretariat
- Lager – Herr Melcher
- Versand – Herr Bauss

Marketing/Vertrieb
Herr Müller
Sekretariat
- Produktmanagement – Frau Schuster
- Werbung – Herr Meiers
- Vertriebsaußendienst – Herr Markert
- Vertriebsunterstützung – ICH

Produktion
Herr Cremer
Sekretariat
- Produktion A – Herr Luft
- Produktion B – Herr Schulte

Jetzt sehen Sie genau, welche Teams jeweils welchem Vorgesetzten unterstehen, und damit finden Sie auch heraus, wer Ihr «Nachbar» im Unternehmen ist. Diese Teams sollten Sie einheitlich in ein und derselben Farbe einzeichnen, oder Sie benutzen einfach denselben Marker zum Einkreisen. Sämtliche anderen Teams oder «Organisationseinheiten», wie es in der Fachsprache heißt, markieren Sie in anderen Farben.

Die Aufgaben im Team

Sie müssen sich bis ins kleinste Detail darüber klar sein, welche Aufgabe Ihr Team im Unternehmen hat und wofür es verantwortlich ist. Schreiben Sie sich dies auf. Denn alles, was Sie vor Augen haben, verliert wenigstens schon einmal die Ungenauigkeit einer vagen Vorstellung. Wahrscheinlich ist Ihnen die Aufgabenstellung Ihres Teams klar genannt worden, als Sie in der Auswahl zum Teamchef standen. Dann können Sie sich noch einmal Ihre Unterlagen anschauen. Wenn Sie sich auf eine Stellenausschreibung beworben haben, sehen Sie den Aufgaben- und Verantwortungskatalog schwarz auf weiß vor sich. Am besten, Sie klären ihn jetzt sofort mit Ihrem Vorgesetzten ab, wenn Ihnen hier irgendetwas nicht klar ist, weil zum Beispiel Aufgaben schwammig formuliert sind.

Wenn Sie in einem Großunternehmen arbeiten, finden Sie Ihren Aufgabenbereich bestimmt in einem Organisationshandbuch beschrieben. Und das wiederum leihen Sie sich in Ihrem Hauptabteilungs- oder Bereichssekretariat aus. Entscheidend ist, dass Sie auch bei vielen verschiedenen kleineren Aufgaben Ihres Teams immer den Überblick behalten. Deswegen hilft es, Aufgabenbereiche zu ordnen und darin wiederum Prioritäten zu setzen. Wenn Sie Ihren Aufgaben- und

Verantwortungskatalog vollständig erstellt haben, kommt der nächste, wichtige Schritt, für den Sie eben gerade die Grundlage geschaffen haben. Sie nehmen sich wieder Ihr Organigramm vor. Weil Sie jetzt genau wissen, welche Aufgaben Ihr Team zu erfüllen hat, können Sie nun auch die Verbindungslinien zu den Teams ziehen, mit denen Sie häufig oder nur gelegentlich zusammenarbeiten werden. Auch hierfür benutzen Sie wieder zwei unterschiedliche Farben.

Aufgabenbeschreibung Vertriebsunterstützung:
- Fakturierung und Administration der Außendienst-Verkaufsaktivitäten.
- Customer-Hotline: Telefonische Bestellannahme; Reklamationsbearbeitung; Unterstützung der Außendienstmitarbeiter.
- Abstimmung von Lieferzeiten.
- Organisation des Warenversandes.
- Überwachung des Rechnungslaufes einschließlich des Mahnwesens.

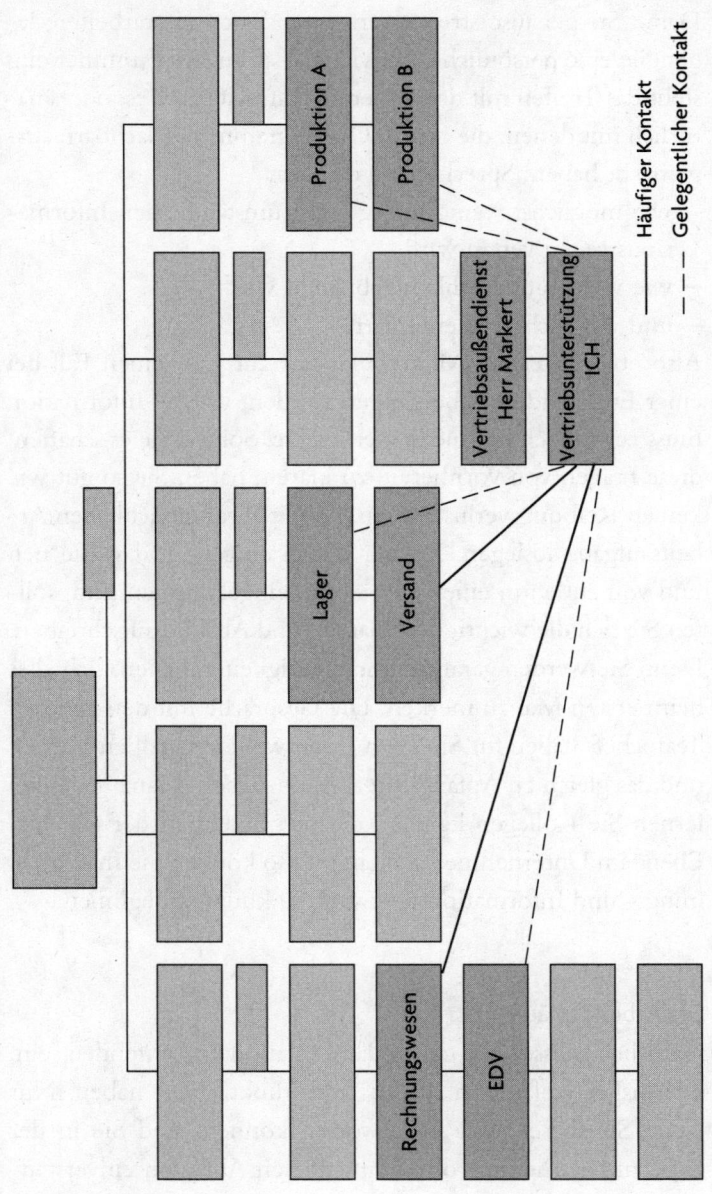

Produktion A

Produktion B

Vertriebsaußendienst
Herr Markert

Vertriebsunterstützung
ICH

Lager

Versand

Rechnungswesen

EDV

Häufiger Kontakt

Gelegentlicher Kontakt

Damit Sie genauso strukturiert wie bisher weiterarbeiten, legen Sie eine persönliche Aktivitätenliste an. An Nummer eins steht das Treffen mit den anderen Teamleitern. Besonders natürlich mit denen, die Sie im Organigramm als Nachbarn ausgemacht haben. Sprechen Sie darüber,
- wie möglichst wenig Energie mit umständlichen Informationswegen vertan wird,
- wie viel Zeit tatsächlich gebraucht wird
- und was nicht passieren darf.

Also etwa: Welcher Mitarbeiter darf auf gar keinen Fall bei einer Entscheidung übergangen werden, welche Information muss vertraulich behandelt werden etc. Sollten Sie es schaffen, diese Fragen von vornherein zu klären, haben Sie so gut wie keinen Reibungsverlust, wenn Sie mit Ihrer tatsächlichen Arbeitsaufgabe loslegen. Da wir davon ausgehen, dass Sie neu und von außen in einen Betrieb hineingekommen sind, sollten Sie sich die wichtigsten Namen und Abläufe aufschreiben. Denn Sie werden garantiert Schwierigkeiten haben, sich alles beim ersten Mal zu merken. Die Gespräche mit den anderen Teamchefs haben für Sie noch einen weiteren großen Vorteil, und das gleich zu Anfang Ihrer neuen Arbeit: Ganz nebenbei lernen Sie Kollegen kennen, die mit Ihnen auf der gleichen Ebene im Unternehmen stehen, und so können Sie Ihr Beziehungs- und Informationsnetzwerk zu knüpfen beginnen.

Die Arbeitsabläufe

Natürlich müssen Sie genau darüber auf dem Laufenden sein, wie bisher Abläufe in Ihrem Team funktioniert haben. Nur wenn Sie diese Frage beantworten können, sind Sie in der Lage zu entscheiden, ob Sie mit diesen Abläufen einverstanden sind. Oder ob Sie vielleicht andere Vorstellungen davon haben, wie es eben auch gehen könnte. Hier kommen Sie ebenfalls kaum drum herum, sich Notizen zu machen:

- Wer erteilt bzw. vereinbart mit Ihnen Ziele oder Aufgaben?
- Welches Teammitglied ist für welche Aufgaben als Spezialist zuständig?
- Wie ist die Zusammenarbeit der Teammitglieder organisiert?
- Wie ist das Informationsmanagement in Ihrem Team gestaltet?
- Laufen alle arbeitsrelevanten Informationen zunächst über Sie als Teamchef, oder kommen sie auch direkt zu den Teammitgliedern?

Warum diese Informationen für Sie so wichtig sind? Sie entscheiden anhand der Antworten, was Sie beibehalten möchten und wo Sie sich Veränderungen wünschen. Sie haben jetzt erst einmal ausreichend Informationen zur Hand, um sich eine erste eigene Meinung darüber zu bilden, was in Ihren Augen gut oder veränderungswürdig ist. Erst wenn Sie eine eigene Vorstellung von möglichen Verbesserungen haben, sprechen Sie Ihren Vorgesetzten an. Dann die benachbarten Teamverantwortlichen und Ihre Mitarbeiter – und notieren Sie sich alles! Sie werden bei diesen Gesprächen wahrscheinlich sehr schnell feststellen, dass Ihre Gesprächspartner Ihnen gleich eine Bewertung mitliefern, was sie gut oder schlecht finden. Und da lauert auch schon die erste Falle: Übernehmen Sie nicht vorschnell die Urteile Ihrer Gesprächspartner! Danken Sie für die Information und versuchen Sie, durch weitere Fragen den Ist-Zustand möglichst umfassend festzustellen.

Schreiben Sie die Verbesserungsvorschläge Ihrer Mitarbeiter auf. Damit demonstrieren Sie Interesse an deren Ideen und zeigen, dass Sie selbst teamfähig sind und nicht einsame Entscheidungen treffen. Versuchen Sie dann, Ordnung in alle Vorschläge zu bringen, und vergessen Sie nicht, dass jede Idee eines Mitarbeiters auch zu einem Teil dessen persönliche Interessen forciert. Der folgende Fehler darf Ihnen nie passieren, weder im Umgang mit Ihren Teammitgliedern und Kollegen noch in Gesprächen mit Ihrem Vorgesetzten und der Geschäftsführung: Lassen Sie sich nicht zum Werkzeug eines anderen machen! Zu schnell verfangen Sie sich entweder im Beziehungsgeflecht derjenigen, die vor Ihnen da waren, oder in den Fallstricken einer Unternehmenspolitik, die Sie noch nicht überblicken können. Im schlimmsten Fall leisten Sie sogar Intrigen Vorschub.

Eine neue Filialleiterin einer Drogeriemarktkette, die auf der Suche nach einer Stellvertreterin war, bekam in einem Gespräch mit Ihrem Bezirksleiter zu hören, dass Ihre Wunschkandidatin zwar eine fleißige Verkäuferin sei, aber nicht das Potential für Führungsaufgaben mitbringe. Die Filialleiterin nahm diese Einschätzung hin und teilte dies sogar ihrer Mitarbeiterin mit. Ein paar Wochen später stellte ihr der Bezirksleiter Frau X als Stellvertretung vor, die bisher eine andere Filiale geleitet hatte, die geschlossen worden war. Damit hatte er sein Personalproblem gelöst. Bereits nach kurzer Zeit war der Filialleiterin klar, dass diese Stellvertretung deutlich schlechter arbeitete als ihre eigentliche Wunschkandidatin. Die Filialleiterin hat nun gleich zwei Probleme: eine untaugliche Führungskraft zu viel und eine entwicklungsfähige Mitarbeiterin, die keine Aufstiegschance hat und deswegen demotiviert ist.

Damit Ihnen so etwas nicht passiert, vertrauen Sie zunächst einmal Ihrer eigenen Einschätzung und lassen Sie sich keine Entscheidung einfach vorgeben. Klären Sie später Ihre Vorschläge mit Ihrem Vorgesetzten ab, bevor Sie eine Teamsitzung einberufen. Auf der einen Seite machen Sie deutlich, dass Sie nicht versuchen, an dessen Stuhl zu sägen und einen Alleingang zu unternehmen. Auf der anderen Seite ist nichts peinlicher, als eine Entscheidung zu treffen und diese dann nach wenigen Tagen wieder zurückzunehmen, weil Ihr Chef darauf besteht. Gerade wenn Sie neu im Betrieb sind und es vielleicht einige Kollegen gibt, die sich bei so etwas die Hände reiben – aus Neid, aus Missgunst oder einfach aus Schadenfreude –, büßen Sie auf jeden Fall Autorität ein. Aus diesem Grund sollten Sie genau darauf achten, dass Sie keine Kompetenzen überschreiten.

Erst jetzt laden Sie Ihr gesamtes Team zur Sitzung ein. Und alles, was nun besprochen wird, muss unbedingt auf Ihrer bereits erwähnten Aktivitätenliste festgehalten werden. Keine Idee darf verloren gehen. Denn erstens werden Sie sonst Ihren Teammitarbeitern gegenüber unglaubwürdig, und zweitens kann auch ein Vorschlag, der im Moment vielleicht noch nicht untergebracht werden kann, zu einem späteren Zeitpunkt wie gerufen kommen.

Die Arbeitsmittel

Sie brauchen einen Überblick darüber, welche Arbeitsmittel Sie zur Hand haben. Nur dann können Sie Informationen für sich selbst wirklich nutzen. Gerade die interne Kommunikation, also das Informieren der Teammitglieder über alles, was Sie für wichtig halten, ist oft eine Schwachstelle in Unternehmen. So erhält zum Beispiel der neue Mitarbeiter A keine Informationen übers Intranet, obwohl die eigentlich an das gesamte Team gehen sollten. Denn leider hat A es beim Wechsel ins Team versäumt, dem Systemadministrator die neue Zugehörigkeit zu melden, weswegen er noch nicht in die Mail-Gruppe aufgenommen worden ist. A fühlt sich hintergangen, macht nicht den Mund auf und wird so immer unzufriedener. Schon gibt es Ärger in Ihrem Team.

Für den Fall, dass Ihr Vorgänger schlecht oder mäßig organisiert war, wird es Sie viel Mühe kosten, die Schwachstellen bei der internen Informationsweitergabe herauszufinden. Es sollte dennoch Ihr Ziel sein, diese schnell zu beseitigen. Auch wenn es Überstunden für Sie bedeutet und vielleicht auch das Einarbeiten in eine Materie, wie zum Beispiel das Intranet, von der Sie bisher nur wenig Ahnung hatten. Versuchen Sie auch hier, den Überblick zu behalten. Am besten, Sie greifen wieder zu Papier und Stift und beantworten sich selbst folgende Fragen:

– Welche Programme hat Ihr PC?
– Haben Sie einen persönlichen Planer, einen Schedule?
– Wer hat Einsicht in Ihre Dokumente (Laufwerke)?
– Wie verschlüsseln Sie Dateien oder Dokumente?
– Sind die PC Ihres Teams miteinander vernetzt?
– Wie funktioniert das Intranet (Mail-Gruppen)?
– Klappt gegebenenfalls auch die Verbindung zu den Außenstellen?
– Und wie steht es mit einem Übersichtsplan?

Auch durch einen fehlenden Übersichts- oder Arbeitsplan können Reibungen entstehen. Mitarbeiter X scheint überhaupt nicht mehr zu arbeiten. Das Team fängt schon an zu tuscheln, dass X ja sowieso gerne mal länger in der Kantine sitzt und raucht. Was keiner mitbekommen hat: X hat schlicht vier Wochen Urlaub. Um so etwas zu vermeiden, sollten Sie klären, an welcher Stelle jeder Mitarbeiter einsehen kann, wer wann und wo einen Termin oder Ferien hat. Ist es nicht sinnvoll, sogar anzuweisen, dass jeder den Übersichtsplan einmal am Tag einsieht? Wer hält Ordnung im Plan? Wer ist dafür verantwortlich, dass die Übersicht immer aktuell ist?

Das EDV-Umfeld haben Sie jetzt erforscht. Nun wird es handfest, denn Sie müssen natürlich auch wissen, wo die Akten lagern und wie Sie ganz schnell Einsicht in alle Unterlagen bekommen. Denn Sie müssen sich ja auch zügig einarbeiten und die Papiere schnell zur Hand haben, wenn es einmal zeitlich eng wird. An dieser Stelle sollten Sie kontrollieren, ob diese Unterlagen von Ihrem Vorgänger systematisch gepflegt worden sind. Wenn Sie die Organisation in den Griff bekommen wollen, fragen Sie sich Folgendes:

– Wie wurden in Ihrem Team bisher Unterlagen geordnet und abgelegt?
– Welches Büromaterial steht Ihnen zur Verfügung? Wo lagert es, bzw. wie kommen Sie daran, wer hat die Bestellformulare?
– Welche Kommunikationsmittel gibt es außer dem Telefon (Fax, E-Mail)?
– Woher bekommen Sie weitergehende Informationen zu Ihrem Arbeitsumfeld (Bibliothek, Datenbanken, Internet)?

Wenn Sie das alles geklärt haben, kommen noch die ungeschriebenen Gesetze hinzu, die in jedem Team etwas anders aussehen. Fragen Sie nach, welche allgemeinen «Spielregeln» in Ihrem und für Ihr Team existieren. Diese Regeln reichen von der Art, ob und wie ein Geburtstag gefeiert wird, über die Organisation von Urlaub bis hin zur Reisekostenabrechnung und zur Überstundenregelung.

Für diese Bestandsaufnahme dürfen Sie getrost die gesamte erste Woche einplanen. Denken Sie daran: Je mehr Informationen Sie jetzt sammeln, desto geringer ist die Gefahr, dass Sie unangenehm überrascht werden. Außerdem können Sie Ihre Änderungswünsche später viel besser begründen. Ihrem Vorgesetzten wird es nämlich deutlich schwerer fallen, etwas abzuschmettern, wenn Sie ihm gut begründete Vorschläge auf den Tisch legen können.

Die Menschen im Team

Wenn Sie alle organisatorischen Rahmenbedingungen abgeklärt haben und wenn Sie wissen, welche Hilfsmittel Ihnen zur Verfügung stehen, wenden Sie sich im nächsten Schritt Ihren neuen Mitarbeitern zu. Denn natürlich stehen die Menschen, die Sie führen werden, im Mittelpunkt Ihres Interesses. Es geht jetzt darum, Ihre Mitarbeiter genau kennen zu lernen. Das erfordert ganz eindeutig mehr Zeit, wenn Sie von außen in das Unternehmen gekommen sind, als wenn Sie die Teammitglieder bereits kennen. In jedem Fall aber sollten Sie unbedingt über alle Teammitglieder erneut nachdenken. Sie haben eine neue Position übernommen. Und da werden sich auch bei befreundeten ehemaligen Kollegen oder selbst solchen, mit denen Sie vorher problemlos zusammengearbeitet haben, möglicherweise überraschende Tendenzen zeigen. Die Karten sind neu gemischt, und deswegen können Sie nicht davon ausgehen, dass alles bleibt, wie es einmal war. Ob es an Neid oder Unsicherheit liegt, kann Ihnen egal sein – das Ergebnis bleibt dasselbe. Seien Sie aufmerksam und vorsichtig, bewerten und ordnen Sie Mitarbeiter neu ein! Stellen Sie

Sympathien und Antipathien hintan und versuchen Sie möglichst schnell auszumachen, wo «Freund» und «Feind» zu finden sind! Im Problemfall, etwa wenn Sie plötzlich großen Termindruck bekommen oder Ärger ansteht, ist es besser, Sie wissen, auf wessen Unterstützung im Team Sie bauen können und bei wem Sie mit Gegenwind rechnen müssen.

Einzelgespräche sind der richtige Weg, um Informationen zu erhalten, Stimmungen zu testen und die Mitarbeiter systematisch kennen zu lernen. Doch bevor Sie damit beginnen, sollten Sie hierfür einen «Fahrplan» entwickeln, um nichts Wichtiges zu vergessen. Auch für diese Stufe Ihrer Einarbeitung in das neue Team gilt, dass strukturiertes und geordnetes Vorgehen Zeit spart und Fehler verhindert. Fehler sollten Sie sowieso möglichst wenige machen, denn die Versäumnisse und Patzer der ersten drei Monate werden Ihnen nur sehr langsam und manchmal auch gar nicht verziehen. Außerdem hilft Ihnen ein strukturiertes Vorgehen, entspannter und sicherer aufzutreten. Natürlich müssen Sie mit jedem Mitglied Ihres Teams ein Einzelgespräch führen, damit sich niemand übergangen fühlt. Und Sie sollten sich bei Ihrer Gesprächsführung darüber im Klaren sein, dass sich Ihre Mitarbeiter über diese Gespräche untereinander austauschen werden. Sie können also ein noch so gutes Gespräch führen und versuchen, den Mitarbeiter auf Ihre Seite zu ziehen, wenn aber beim folgenden Kantinengespräch herauskommt, dass Sie dies bei jedem auf dieselbe Art versucht haben, ist der Schaden groß. Sie haben hinterher berechtigte Schwierigkeiten mit allen Teammitgliedern.

Zum Beispiel hat der Chefredakteur einer Zeitungsredaktion bei Einzelgesprächen jedem seiner Mitarbeiter erzählt, er oder sie sei «die Säule des

Unternehmens» und man baue auf diesen Mitarbeiter. Noch nicht einmal bei der Formulierung dieser Vorschusslorbeeren gab es Abweichungen. Die zunächst hocherfreuten und stolzen Mitarbeiter fanden dies nach und nach heraus. Die Stimmung in der Redaktion war auf dem Nullpunkt, die Loyalität dem Chefredakteur gegenüber war verschwunden, die Verkaufszahlen der Zeitung sanken und der Vertrag des Chefredakteurs wurde nach Ablauf seines ersten Jahres in der Redaktion nicht verlängert.

Bereiten Sie also jedes Einzelgespräch sorgfältig vor, denn der erste Eindruck, den Ihr Mitarbeiter von Ihnen erhält, wird Sie auf jeden Fall in den ersten Wochen und Monaten begleiten. Versuchen Sie im Gespräch, Antworten auf folgende Fragen zu erhalten:

- Wie denkt der Mitarbeiter über seine Aufgabe und das Team insgesamt?
- Wie schätzt er seine eigenen Stärken und Schwächen in Bezug auf seine Aufgaben ein?
- Wie ist seine Einstellung zur Berufstätigkeit? Was ist ihm wichtig?
- Was motiviert ihn, jeden Tag wieder zur Arbeit zu gehen?
- Was denkt er über seine Kollegen? Was ist ihm im Umgang mit den anderen und auch mit Ihnen selbst wichtig?
- Mit welchen Kollegen arbeitet er besonders gerne zusammen und aus welchem Grund?
- Was wünscht er sich von Ihnen?
- Wie gestaltet er seine Freizeit?
- Was ist ihm im Privatleben wichtig?

Auf den ersten Blick sieht der Fragebogen eher aus wie ein Verhör. Aber Sie erhalten auf diese Weise alle Informationen, die Sie brauchen, um sich ein Bild von diesem Mitarbeiter, vom gesamten Team und von der Stimmung innerhalb des Teams zu machen.

Haben Sie Ihren Gesprächsfahrplan fertig gestellt, organisieren Sie sich einen Platz, an dem Sie ungestört mit Ihrem neuen Mitarbeiter sprechen können. Ungestört heißt auch, dass natürlich kein Telefon klingelt. Am besten eignet sich ein Besprechungsraum, der keine Vollverglasung hat. Dann sollten Sie Termine mit Ihren Mitarbeitern vereinbaren und jedem einzelnen unbedingt bereits vorher sagen, warum Sie mit ihm sprechen wollen: um sich selbst vorzustellen und ihn kennen zu lernen. Das ist ein guter Einstieg für Sie. Denn Sie wollen Mitarbeiter, die aus Einsicht mitdenken und handeln. Deswegen räumen Sie Ihren Mitarbeitern gar nicht erst Spielraum ein für Spekulationen und Gerüchte. Ihre Mitarbeiter können und sollen sich selbst gezielt auf das Gespräch vorbereiten dürfen. Sie als neuer Chef haben es nämlich nicht nötig, mit dem Überraschungseffekt zu arbeiten. Sie wünschen sich einen vollwertigen und wertvollen Gesprächspartner. Und das soll Ihr Mitarbeiter auch von Anfang an wissen.

Die ersten Mitarbeitergespräche

Beginnen Sie das Gespräch, indem Sie das Ziel deutlich machen: sich gegenseitig kennen zu lernen und Wünsche wie auch Vorstellungen zu formulieren. Stellen Sie sich zunächst einmal selbst vor. Was haben Sie gemacht, bevor Sie zu dieser Position kamen? Erklären Sie Ihrem Mitarbeiter, warum Sie sich für diese Position interessiert haben. Sie rechtfertigen sich nicht, und Sie geben auch keine Dinge von sich selbst preis, die niemanden etwas angehen. Sie erzählen von sich und Ihren Vorstellungen, damit Ihr Gegenüber Sie auch einschätzen kann. Denn Ihr Ziel ist es auch, für den Mitarbeiter berechenbar zu sein. Immerhin wollen Sie ihm ein verlässlicher Partner werden. Außerdem zeigen Sie ihm, dass in Ihrem Team Menschen zusammenarbeiten werden, die über sich selbst, ihre Wünsche und Vorstellungen ohne Beklemmung sprechen dürfen. Bieten Sie Ihrem Mitarbeiter auch an, Fragen an Sie zu richten. So kommen Sie von selbst in einen Dialog und erfahren umgekehrt auch viel über Ihren Mitarbeiter, ohne dass sich dieser ausgefragt fühlt. Sie können nicht davon ausgehen, dass jedes Gespräch streng nach Ihrem Plan und immer glatt und unkompliziert verläuft. Dazu schlagen die Emotionen bei einem Führungswechsel manchmal zu hoch. Nehmen wir an, Mitarbeiter Z sagt Ihnen deutlich: «Entschuldigen Sie, aber das interessiert mich alles gar nicht, ich mache hier nur meinen Job.» Lassen Sie sich davon nicht provozieren, und fühlen Sie sich nicht persönlich angegriffen. Gehen Sie nicht auf diese ungeschickte Reaktion ein, haken Sie nicht nach, und überspringen Sie den Eröffnungsteil des Gesprächs. Fragen Sie Mitarbeiter Z sofort, was ihm bei der Arbeit wichtig ist und was ihn motiviert. Unter Umständen stellt sich heraus, dass Z Ihrem Vorgänger immer wieder Verbesserungsvorschläge eingereicht hat. Er hat aber niemals eine Reaktion darauf bekommen und ist natürlich frustriert. Da Sie aber auf jeden Fall engagierte Teammitglieder brauchen, darf Ihnen so etwas nicht passieren. Auf diese Art können Sie auch enttäuschte Mitarbeiter wieder dafür gewinnen, mit mehr Spaß zu arbeiten. Vielleicht wird aber auch deutlich, dass sich Mitarbeiter Z selbst auf Ihre jetzige Stelle beworben hat oder sich zumindest gute Chancen darauf ausgerechnet hat. Dann wissen Sie jetzt wenigstens, wo einer Ihrer potentiellen Widersacher sitzt.

Beantworten Sie sich am besten vorher schon die Frage: Mache ich mir Notizen während des Gesprächs oder besser danach, ein Gedächtnisprotokoll – oder vielleicht weder das eine noch das andere? Um es gleich vorwegzunehmen: Wenn Sie mehr als drei Gespräche führen, brauchen Sie unbedingt Stichpunkte, um wirklich wichtige Dinge festzuhalten. Und das ganz besonders dann, wenn Sie neu in eine Firma hineinkommen. Wenn Sie es gewohnt sind, ein ungefähr einstündiges Gespräch ziemlich lückenlos nachvollziehen zu können, dann reicht das Gedächtnisprotokoll. Sollten Sie allerdings zu den 95 Prozent der Menschen gehören, denen dies schwer fällt, dann machen Sie sich ruhig während des Gesprächs Notizen. Allerdings sollten Sie das erst machen, wenn Sie Ihrem Mitarbeiter erklärt haben, warum, und natürlich nur, wenn er einverstanden ist.

Einzelgespräche kosten Sie viel Zeit und auch Nerven. Sie sollten sich auf jeden Fall danach noch einmal alle Notizen vornehmen und vergleichen. Sie haben jetzt bereits einen sehr guten Überblick über den Ist-Zustand Ihres Teams. Ihnen ist klar, was gut gelaufen ist und wo in der Vergangenheit Sachen schief gegangen sind. Und jetzt geht es darum, Ordnung in den Wust von Informationen zu bringen. Wenn Sie das nicht tun, haben Sie nur einen oberflächlichen Eindruck von der Situation in Ihrem Team. Sie verschenken einen Großteil der Fakten, die Ihnen geliefert worden sind, und können keinen Nutzen für sich und das Team daraus ziehen. Jetzt bereiten Sie Ihre Strategie der Teamentwicklung vor. Sie treffen Ihre Entscheidungen über neue Wege. Sie entwickeln Ihre Zielvorstellungen, und Sie haben Prioritäten gesetzt. Sie haben darüber mit Ihrem Vorgesetzten gesprochen und von ihm das Okay für anstehende Änderungen bekommen. Jetzt fehlt Ihnen nur noch eines: die Unterstützung Ihrer Pläne durch Ihr Team. Sie müssen Ihr Team davon überzeugen, dass Sie alle dasselbe Ziel vor Augen haben und Ihre Mitarbeiter motivieren, dieses Ziel in gemeinsamer Anstrengung zu erreichen. Das muss jedem Einzelnen im Team klar werden.

Die zwei Ebenen der Teamentwicklung

Der Personalentwicklungschef eines deutschen Flughafens hatte die (un)dankbare Aufgabe, aus sämtlichen Abteilungsleitern des Unternehmens ein Führungsteam zu bilden. Die Zusammenarbeit zwischen den einzelnen Unternehmensbereichen klappte nicht so recht und sollte verbessert werden. Dazu wurde ein externer Berater herangezogen. Der organisierte sechs mehrtägige Workshops, die teilweise auch am Wochenende stattfanden. Unzählige Papier- und Folienrollen auf Flipcharts und Tageslichtprojektoren wurden beschrieben. Sämtliche Arbeitsabläufe wurden visualisiert, analysiert, evaluiert und Verbesserungsmöglichkeiten präsentiert. Nach fast einem Jahr Arbeit und einer Rechnung über zigtausend Mark waren sich alle Abteilungsleiter einig, wie man sich besser austauschen und organisieren könnte. Aber konkrete Veränderungen gab es so gut wie keine. Mehr aus Zufall trafen sich die Führungskräfte aufgrund einer Einladung einen Monat später bei einer Wochenendsegeltour nach Dänemark. In der lockeren Atmosphäre auf dem Schiff brauchte es nur zwei Tage, damit die Arbeitsabläufe schnell, zielgerichtet, effektiv und vor allem stressfrei neu organisiert wurden. Was passiert war? Die Mitarbeiter hatten sich privat kennen und schätzen gelernt.

Jede Entwicklung einer Arbeitsgruppe zum Team erfolgt auf zwei Ebenen: auf der funktionalen und auf der zwischenmenschlichen. Meistens wird in Unternehmen aber gerade der zwischenmenschliche Faktor bei der Teamentwicklung unterschätzt. Denn es ist vergleichsweise einfach, funktionale Aspekte der Arbeit ausführlich zu durchdenken, zu besprechen und zu planen. Immer wieder bleibt aber der Mitarbeiter selbst auf der Strecke. Denn der Denkfehler liegt darin, anzunehmen, dass sich Menschen mit ihren ganz individuellen Einstellungen, Vorstellungen, Wünschen und Bedürfnissen automatisch diesen rationalen Erkenntnissen entsprechend verhalten. Wenn Sie diese Erkenntnis als Führungskraft nicht berücksichtigen, sind auch Sie in die «Teamentwicklungsfalle» geraten.

Sie brauchen für Ihre Teamentwicklung kein Segelboot zu chartern, es geht auch wesentlich einfacher und preiswerter. Entscheidend allerdings ist, dass dieses Meeting an einen anderen Ort gehört als in die Firma. Und wenn es nur ein einfaches, freundliches Restaurant mit guter Küche ist. Ein Spaziergang oder gemeinsames Grillen wird Ihr Budget nicht über die Maßen strapazieren. Aber Sie und Ihr Team haben die Möglichkeit, sich in diesem informellen Umfeld besser kennen zu lernen. Sprechen Sie dieses Meeting ab, damit Ihre Mitarbeiter die Möglichkeit haben, den Termin mitzuentscheiden. Achten Sie auch darauf, dass Sie vollzählig teilnehmen. Seien Sie aber nicht zu vorsichtig, denn die meisten Mitarbeiter werden gerne an der Aktion teilnehmen. Und die, die darauf keine Lust haben, werden oft nicht den Mut haben, dies zu sagen.

Das Wichtigste am offiziellen Teil dieses Meetings wird Ihre «Regierungserklärung» sein. Die sollte kurz, klar und zielgerichtet ausfallen. Sie umreißen in groben Zügen Ihre Vorstellungen, skizzieren Schwierigkeiten und Lösungswege und sagen schließlich, wie Sie sich die Zusammenarbeit vorstellen. Erklären Sie Ihren Mitarbeitern Ihre Ziele, damit diese nicht nur zu braven Jasagern werden oder im schlimmsten Fall zu destruktiven Neinsagern, die Ihnen die Arbeit mit dem Team von vornherein unmöglich machen. Und ganz entscheidend: Lassen Sie Kritik zu. Und Fragen. Wenn Sie bei möglichst vielen angesprochenen Punkten eine Antwort haben, ist das umso besser! Sie sammeln natürlich Pluspunkte, wenn Ihre Teammitarbeiter merken, dass Sie die Einarbeitungszeit genutzt haben, um sich mit den Mitarbeitern, ihren Sorgen und Ideen, mit den Hilfsmitteln und den Arbeitszielen und -umständen vertraut zu machen. Haben Sie den Mut, Fehler einzugestehen. In dieser Anfangsphase sind es praktischerweise die Fehler Ihres Vorgängers, Sie brauchen sich selbst in Ihrer Arbeitsweise also nicht angegriffen zu fühlen. Und machen Sie keine Versprechungen, die Sie vielleicht später nicht halten können. Ein verlässlicher Partner zu sein ist mehr wert, als das Blaue vom Himmel herunterzuversprechen! Denken Sie auch daran, nach dem Treffen ein Protokoll anfertigen zu lassen – oder schreiben Sie selber eines. Ihre Mitarbeiter werden genau registrieren, welche Vorschläge, Ideen und Ziele umgesetzt werden und welche nicht. Ihre Glaubwürdigkeit darf nicht unter Zeitnot leiden, schon gar nicht zu Beginn Ihrer neuen Tätigkeit.

Die Rollen sind verteilt – oder?

Trotz aller neuen Aufgaben und eines Wusts von Namen und Informationen ist Ihnen eines ganz klar: Sie sind die Führungskraft in Ihrem Team. Ihre Rolle steht damit fest. Sie müssen nur auf Ihre Visitenkarte schauen, dort steht es schwarz auf weiß. Durch Ihren Titel haben Sie also die Amtsautorität. Die verschafft Ihnen ein höheres Gehalt. Aber der Titel garantiert Ihnen noch lange nicht, dass Ihr Team mit Ihnen zusammenarbeitet und sich auch wirklich dafür einsetzt, dass letzten Endes Ihre Vorstellungen erfüllt werden und Ihr eigener Job gesichert ist. Wie also steht es um Ihre Sachautorität? Und fast noch wichtiger: Reicht Ihre Sozialkompetenz, um persönliche Autorität zu zeigen? Und wie sieht dies bei Ihren Mitarbeitern aus? Mindestens eine Rolle haben die Teammitglieder auch, nämlich die der Ausführenden. Dies ist eine wichtige Rolle, der Ihre Mitarbeiter auch gerecht werden sollten, denn sie ist die Voraussetzung dafür, dass das Konzept von Team und Teamführung überhaupt umsetzbar ist. Selbstverständlich sind noch weitere Rollen im Team verteilt, die Sie kennen sollten, um sie besser steuern zu können.

Grundsätzlich sollten Sie wissen, dass es aktive und passive Rollen gibt. Eine aktive Rolle ist das, was ein Mensch gerne sein möchte, was er anstrebt. So wünscht er sich etwa, der Tüchtige zu sein, der Erfolgreiche, der Geniale, der Künstler. Oder aber der Schlichter zwischen zwei Kollegen. Auch der Wunsch, Qualitätsmanager zu sein im Team oder Experte, führt zu einer aktiven Rolle in der Gruppe. Ein Sonderfall ist die anonyme Person: der Mitarbeiter, der ohne viel Aufhebens seine Arbeit tut, aber ansonsten nicht mit den persönlichen Beziehungen innerhalb des Teams in Berührung kommen möchte. Aber auch dieser stille Mitarbeiter, der in Ruhe gelassen werden will, spielt seine aktive Rolle.

Passive Rollen sind solche, die jemand anders einer Person zuschiebt. Etwa ein Vorgesetzter oder aber ein Kollege, der von einem Teammitglied als «grauer Eminenz» spricht als jemandem, der oft aufgrund seiner langen Betriebserfahrung den Ausschlag bei Entscheidungen gibt. Der «informelle» Führer einer Gruppe wird sich nur selten selbst dazu ernennen, sondern vielmehr direkt oder indirekt von den Teamkollegen dazu gemacht. Rollen wie «der Richter» oder «der Diplomat», also Gruppenmitglieder, die gut Konflikte lösen können, sind ebenfalls passive Rollen, genauso wie der bekannte «Gruppenclown».

Sie sehen also, dass auch Sie selbst als Vorgesetzter mehr als nur eine Rolle beherrschen müssen. Sie sind ebenso professioneller Motivator, Coach und seelischer Kummerkasten wie auch kompetenter Ansprechpartner in allen Sachfragen für Ihre Mitarbeiter. Beschäftigen Sie sich also mit der Frage, welche Rollen es in Ihrem Team überhaupt gibt und wer welche Rolle belegt. Dabei sollten Sie bedenken, dass Rollen nicht aus sich heraus gut oder schlecht sind. Sie alle erfüllen vielmehr Funktionen in der Gruppe. Nur derjenige, der die Rolle innehat, entscheidet durch sein Verhalten, ob sie für ihn selbst und für die anderen positiv oder negativ ist.

Sie als Teamchef müssen erkennen, wie die Rollenverteilung aussieht. Das finden Sie ganz einfach durch Beobachten und Zuhören heraus. Außerdem sollten Sie entscheiden, ob die jeweilige Rolle teamverträglich ist, also zu Ihrem Team und Ihren Zielen passt oder nicht. Und ganz grundlegend überlegen Sie, ob alle Mitarbeiter mit ihren Rollen glücklich sind. Ist ein fröhlicher Mensch von der Gruppe zum Spaßmacher ernannt worden, von dem mittlerweile erwartet wird, dass er jede angespannte Situation mit einem Witz oder einer Anekdote entschärft, dann ist es wichtig herauszufinden, ob dieser Mitarbeiter zum Gruppenclown wider Willen geworden ist, den diese Aufgabe unter Druck setzt, stresst und damit unnötig Energie kostet. Die Rolle des friedlichen Spaßmachers wird schnell von Mitarbeitern betoniert, sodass der Clown wider Willen zum Spaßverderber wird, wenn ihm einmal nicht danach zumute ist, einen Witz zu machen.

Versuchen Sie, Ihren Mitarbeitern aus solchen Rollen mit einem offenen Gespräch herauszuhelfen. Erklären Sie dem zurückhaltenden, schüchternen, konstant lächelnden Mitarbeiter seine Außenwirkung. Durch sein Lächeln signalisiert er Unsicherheit und Hilflosigkeit, obwohl er unter Umständen viel mehr Produktwissen oder eine ausgeprägte Beobachtungsgabe besitzt. Sie als Teamchef können Ihre Mitarbeiter zu teamförderlichen, aktiven Rollen motivieren. Da ist Ihrer Phantasie eigentlich keine Grenze gesetzt, sondern höchstens Ihrem Zeitplan. Auf jeden Fall aber sind Sie zum Eingreifen verpflichtet, wenn Sie feststellen, dass

– durch das Rollenverhalten einzelner Mitarbeiter andere Kollegen Ihre Arbeit nicht mehr erledigen können,

– durch gewisse Rollen Streit entsteht, den die Konfliktparteien nicht mehr alleine lösen können,

– durch das Übertragen passiver Rollen deren Inhaber leiden, dies selbst aber nicht zur Sprache bringen oder sich dessen gar nicht bewusst sind,

– ein Mitarbeiter durch seine Rolle zum Beispiel als «informeller Führer» in die Kompetenz anderer Teammitglieder eingreift.

Wenn Sie solche Entwicklungen erkennen, zögern Sie nicht lange. Greifen Sie sofort ein! Sonst wird aus dem kleinen Feuer ein Flächenbrand, den Sie später kaum mehr unter Kontrolle bekommen, da er eine höchst unangenehme Eigendynamik entwickelt. Sprechen Sie den oder die Mitarbeiter direkt an. Erklären Sie, was Sie verändern wollen und warum. Fragen Sie Ihren Mitarbeiter, wie er sein Verhalten zu ändern gedenkt, machen Sie selbst auch Vorschläge und vereinbaren Sie mit ihm entsprechende Ziele. Dazu legen Sie mit ihm fest, an welchen Aufgaben er in einem von Ihnen abgesteckten

Zeitraum arbeiten soll. Danach legen Sie mit ihm fest, welche Aufgaben Priorität haben und welche Leistungen Sie erwarten. Hierfür erklären Sie Ihrem Mitarbeiter, wie eine gute, eine akzeptable oder schwache Leistung aussieht. Danach legen Sie mit Ihrem Mitarbeiter fest, welche Unterstützung er gegebenenfalls braucht und wie Sie seine Fortschritte auf dem Weg zum Ziel überprüfen werden. Schließlich verlangen Sie von Ihrem Mitarbeiter, dass er einen konkreten Aktivitätenplan aufstellt und mit Ihnen bespricht. Notfalls, wenn Ihr Mitarbeiter ganz und gar nicht einsichtig ist, geben Sie ihm eine Anweisung und kündigen Sie ihm auch gleich an, dass Sie alles kontrollieren werden. Auch wenn es autoritär klingt: Die Selbstverwirklichung des Einzelnen ist nicht entscheidend für Sie. Aber auf das Funktionieren Ihres Teams sind Sie angewiesen. Das ist Ihr erstes Ziel, denn es entscheidet über Erfolg oder Misserfolg Ihres Teams und – wenn Sie konsequent weiterdenken – auch über Ihr eigenes berufliches Vorankommen.

Das Ganze nochmal – aber kurz

Teamarbeit lohnt sich, weil
– Sie eine lernende Organisation und damit eine ständige und kostenlose Frischzellenkur für Ihr Unternehmen schaffen,
– Sie mit einem «lean management» arbeiten, mit flachen Hierarchien: Sie sparen Gehälter für teure Führungskräfte,
– sich der Markt immer schneller verändert, Sie aber im Team genauso schnell komplexe Lösungen entwickeln können,
– Sie verantwortungsbewusste Mitarbeiter haben, die schonender mit Material umgehen, das spart Kosten bei Verbrauch, Pflege und Wartung,
– Ihre Mitarbeiter voneinander abhängig sind und deshalb eine gegenseitige, positive Kontrolle entwickeln,
– Sie eine geringe Mitarbeiterfluktuation haben.

Sie erkennen die Rahmenbedingungen
Wie ist mein Team in das gesamte Unternehmen eingebunden?
– Sie zeichnen ein Organigramm.
– Sie markieren die Verbindungen zu den Abteilungen, mit denen Sie und Ihr Team zusammenarbeiten.

Welche Aufgaben hat Ihr Team?
– Notieren Sie sich Ihren Aufgaben- und Verantwortungskatalog bis ins kleinste Detail.

Sprechen Sie mit Ihren Nachbar-Teamchefs darüber,
– wie die Zusammenarbeit reibungslos laufen kann,
– wie möglichst wenig Energie mit umständlichen Informationswegen vertan wird,

- wie viel Zeit tatsächlich gebraucht wird
- und was keinesfalls falsch laufen darf.

Wie funktionieren die Abläufe in Ihrem Team?
- Wer erteilt bzw. vereinbart mit Ihnen Ziele oder Aufgaben?
- Welches Teammitglied ist für welche Aufgaben als Spezialist zuständig?
- Wie ist die Zusammenarbeit der Teammitglieder organisiert?
- Wie ist das Informationsmanagement in Ihrem Team organisiert?
- Laufen alle arbeitsrelevanten Informationen zunächst über Sie selbst oder kommen sie auch direkt zu den Teammitgliedern?

Welche technischen Hilfsmittel stehen Ihnen zur Verfügung?
- Welche Programme hat Ihr PC?
- Haben Sie einen persönlichen Planer, einen Schedule?
- Wer hat Einsicht in Ihre Dokumente (Laufwerke)?
- Wie verschlüsseln Sie Dateien oder Dokumente?
- Sind die PCs Ihres Teams miteinander vernetzt?
- Wie funktioniert das Intranet?
- Klappt gegebenenfalls auch die Verbindung zu den Außenstellen?
- Wie steht es mit einem Übersichtsplan?
- Wie werden in Ihrem Team bisher Unterlagen abgelegt?
- Welches Büromaterial steht Ihnen zur Verfügung? Wo lagert es bzw. wie kommen Sie daran, wo gibt es die Bestellformulare?
- Welche Kommunikationsmittel gibt es außer dem Telefon (Fax, E-Mail)?

– Woher bekommen Sie weitergehende Informationen zu Ihrem Arbeitsumfeld (Bibliothek, Datenbanken, Internet)?

Die Menschen in Ihrem Team

Führen Sie Einzelgespräche und machen Sie sich Notizen:

– Wie schätzt der Mitarbeiter seine eigenen Stärken und Schwächen in Bezug auf seine Aufgaben ein?
– Wie denkt er über seine Aufgabe und das Team insgesamt?
– Wie ist seine Einstellung zur Berufstätigkeit? Was ist ihm wichtig?
– Was motiviert ihn, jeden Tag wieder zur Arbeit zu kommen?
– Was denkt er über seine Kollegen? Was ist ihm im Umgang mit den anderen und auch mit Ihnen selbst wichtig?
– Mit welchen Kollegen arbeitet er besonders gerne zusammen und warum?
– Was wünscht er sich von Ihnen?
– Wie gestaltet er seine Freizeit?
– Was ist ihm im Privatleben wichtig?

Die Rollen und ihre Verteilung

– Welche aktiven Rollen sind in Ihrem Team verteilt? Wer ist der Schlichter, der Künstler, der Tüchtige?
– Wer ist «anonym», hat keine Rolle, möchte in Ruhe und ungestört seine Arbeit tun?
– Welche passiven Rollen sind verteilt? Wer ist der informelle Führer, wer der Gruppenclown?

Fragen Sie sich, ob

– durch das Rollenverhalten einzelner Mitarbeiter andere Kollegen Ihre Arbeit nicht mehr erledigen können,

- durch gewisse Rollen Streit entsteht, den die Konfliktparteien nicht mehr alleine lösen können,
- durch das Übertragen passiver Rollen deren Inhaber leiden, dies selbst aber nicht zur Sprache bringen oder sich dessen gar nicht bewusst sind,
- ein Mitarbeiter durch seine Rolle, zum Beispiel als «informeller Führer», in die Kompetenz anderer Teammitglieder eingreift.

Falls einer dieser Punkte zutreffen sollte, müssen Sie aktiv werden. Ihr Team ist wichtiger als die Selbstverwirklichung des Einzelnen.

> Um Ihre neue Position einzunehmen, brauchen Sie Mut. Sie werden wissen, wie Sie Arbeit verteilen und bei jedem Mitarbeiter und gleichzeitig in der gesamten Gruppe die beste Leistung entwickeln. Sie erfahren, wie Sie die Arbeit innerhalb Ihres Teams organisieren. Sie werden Ihre Arbeitskraft und Nerven schonen und so Ihrem Unternehmen den größten Gewinn verschaffen. Erst wenn Sie die Dynamik Ihrer Gruppe verstehen, können Sie sie lenken und deren Energien nutzen.

Warum Sie eigentlich führen

Es ist ein weit verbreiteter Trugschluss, zu sagen: «Ich führe in erster Linie, um meinen Mitarbeitern zu helfen.» Führen hat viele durchaus handfeste und ganz egoistische Gründe für denjenigen, der führt. Sie haben mehr Zeit für sich selbst. Es ist zwar kaum zu beweisen, aber viele bekannte Führungspersönlichkeiten sind davon überzeugt, dass sie durch 10 Minuten, die sie in die Führung ihrer Mitarbeiter investieren, 20 Minuten Arbeitsleistung von ihnen zurückerhalten, die sie wiederum für sich selbst investieren können.

Wenn Sie führen, dann haben Sie mehr Spaß bei der Arbeit, denn erstens sehen Sie, wie aus Ihren Mitarbeitern verantwortungsbewusste, mitdenkende und motivierte Teammitglieder werden, weil Sie diesen Menschen durch gute Führung die Voraussetzung hierfür an die Hand gegeben haben. Zweitens können Sie Ihr Bedürfnis nach Einfluss und Entscheidungsfähigkeit in angemessener Weise befriedigen. Sie werden verlässliche Teammitarbeiter haben, die Ihnen wahrscheinlich nicht in den Rücken fallen, denn jeder Mitarbeiter weiß es zu schätzen, wenn der direkte Vorgesetzte auch ein verlässlicher Partner ist. Was nicht zuletzt daran liegt, dass die meisten von uns schon für schlechte Vorgesetzte gearbeitet haben. Sie verbessern auf diese Weise Ihre eigenen Aufstiegsmöglichkeiten, denn es ist eine große Leistung, ein funktionierendes Team zu bilden. Ihrem Geschäftsführer ist das klar, denn Sie bescheren dem Unternehmen Gewinne durch niedrigere Personalkosten. Und wenn Sie in der Lage sind, ebensolche Teams aufzubauen und am Leben zu erhalten, werden Sie auch in anderen Abteilungen und für andere Aufgaben gerne eingesetzt werden.

Alle diese Gründe, warum sich «Führen» für Sie als Führungsperson, aber auch für das Team lohnt und legitim ist, ändern doch nur sehr langsam und mühselig etwas an der Tatsache, dass Führen in vielen Betrieben noch immer verpönt ist. Behalten Sie im Auge, dass sich viele Firmenchefs die Aversionen schon gegen den Begriff zunutze machen. Sie bezeichnen einfach schwierige Führungsaufgaben nicht mehr als solche, sondern verstecken sie hinter dem Begriff «Projektmanagement». Mit dieser Methode drücken sie sich davor, eine zeitaufwendige und nervenaufreibende Arbeit, die viel Vor- und Nachbereitung von Ihnen einfordert, angemessen zu bezahlen. Warum hat das Wort «führen» für unser Verständnis von Arbeit diesen schalen Beigeschmack? Das liegt vor allem daran, dass sich unmündige und unselbständige Mitarbeiter in bestimmte Arten der Führung «hineinfallen» lassen, ohne auch nur eine Ahnung davon zu entwickeln, dass keiner von uns Opfer einer bestimmten Art der Behandlung ist. Wenn ich mit dem Führungsstil meines Vorgesetzten partout nicht klarkomme und tatsächlich keine Chance habe, etwas daran zu ändern, dann hilft alles Jammern nicht. Dann muss ich im günstigsten Fall alles daransetzen, selber Führungskraft zu werden und es besser zu machen als mein derzeitiger Chef, oder aber im schlechtesten Fall den Arbeitgeber wechseln. Reinhard Sprenger hat in seinem Buch über Selbstverantwortung bemerkt, dass es irgendwo ganz sicher ein Unternehmen gibt, das zu Ihnen passt und genau Ihre Kompetenzen dringend braucht. Es ist nur Ihre Aufgabe, dieses Unternehmen zu finden.

Außerdem sind «führen» und «verführen» leider gar nicht so weit voneinander entfernt. Allerdings wird nur derjenige verführt, der sich verführen lässt. Wieder geht es darum, dass keiner ein Opfer des anderen oder der «Umstände» sein muss. Selbstverständlich darf und soll der Mitarbeiter seinen Vorgesetzten kritisieren, nur darf er dies nicht hinter dessen Rücken tun. Und genauso selbstverständlich sollten Sie als Vorgesetzter oder Teamchef dies von Ihren Mitarbeitern erwarten. Lassen Sie Ihre Mitarbeiter also offen fragen, was Sie von ihnen verlangen. Geben Sie darauf eine ebenso offene Antwort und diskutieren Sie möglicherweise hierüber mit dem Einzelnen oder dem gesamten Team. Dann können Sie davon ausgehen, dass jeder Ihrer Mitarbeiter sich zwar geführt, aber keinesfalls verführt fühlt. Und wenn Sie Ihre Gründe überzeugend offen legen können, werden Sie bei Ihren Mitarbeitern auch Handeln aus Einsicht erwirken.

Bevor Sie aber jemanden führen, müssen Sie sich erst einmal darüber klar sein, wohin Sie denn überhaupt führen wollen. Und deswegen müssen Sie Ihre Ziele immer vor Augen haben. Immer wieder wird Ihnen in diesem Buch die Redewendung «... mit Ihren Mitarbeitern konkrete Ziele vereinbaren» begegnen. Aber was sind Ziele? Was lässt sich überhaupt als Ziel vereinbaren? Es gibt eine einfache Eselsbrücke, die Ihnen dabei helfen wird, ein Ziel zu definieren. Denken Sie einfach immer an eine Tasse heißen, dampfenden Kaffee oder Tee mit gutem Aroma.

Auch ein Ziel besitzt ein AROMA. Es ist:

*A*ussagefähig: Es wird genau das beschrieben, was beabsichtigt ist.

*R*ealistisch: Es kann vom betreffenden Menschen tatsächlich mit angemessener Anstrengung erreicht werden.

*O*bjektiv: Es lässt sich überprüfen.

*M*essbar: Es kann nachvollzogen werden, in welchem Maß es erreicht wird.

*A*nnehmbar: Es ist für den Mitarbeiter eine akzeptable Herausforderung, es über- oder unterfordert niemanden.

Was Führen bedeutet

Bevor wir uns der These stellen, dass jedes gute Team Führung braucht, wollen wir klären, was «Führen» überhaupt bedeutet: Führen heißt, das Verhalten anderer zu beeinflussen, um ein bestimmtes Ziel zu erreichen. Ob dieses Ziel nun darin besteht, ein Produkt zu entwickeln, mehr Umsatz zu machen, die übertragene Kompetenz durch selbständige Entscheidungen zu nutzen oder aus einer Arbeitsgruppe ein Team zu bilden, ist unerheblich. Immer geht es bei «Führung» darum, andere Menschen dafür zu gewinnen, Ziele anzunehmen und zu erreichen.

Wir werden Ihnen erklären, welche Methoden es gibt, Mitarbeiter zu führen, damit Sie alle unterschiedlichen Führungsstile beherrschen und auch möglichst alle anwenden. Sie lernen, Stile zu kombinieren. Welchen Führungsstil Sie für welchen Mitarbeiter schließlich wählen, hängt davon ab, wie viel Wissen (Kompetenz) und Motivation (Engagement) dieser mitbringt. Jeder Mitarbeiter braucht also einen anderen Führungsstil, um seine beste Leistung zu bringen. Und es macht die Sache nur interessanter, dass es kein Patentrezept oder den einzigen wahren Führungsweg gibt, sondern vielmehr eine Reihe von Möglichkeiten, die sich Ihnen bieten und über die es sich lohnt nachzudenken.

Selbsterkenntnis: Der erste Schritt zur guten Führung

Doch bevor wir überlegen, was dies für Sie und Ihre Mitarbeiter bedeutet, müssen wir erst einmal mit dem Mythos aufräumen, dass eine gute Führungskraft nur über ihre Mitarbeiter hervorragend Bescheid wissen muss. Die wirklich gute

Führungskraft kennt vor allem erst einmal sich selbst. Viele Menschen haben alle Voraussetzungen, um ein guter Teamchef zu sein. Die wenigsten von uns allerdings haben sich die Mühe gemacht zu fragen: «Was für eine Führungskraft bin ich selbst eigentlich?» Und nur wenige sind bereit, die eigenen Schwächen anzunehmen und nach Wegen zu suchen, diese Schwachstellen entweder zu beseitigen oder sie sich zunutze zu machen.

Sie sollten schon ein weitgehend zutreffendes Selbstbild von Ihren Fähigkeiten, Eigenschaften und Wertvorstellungen besitzen. Denn nur so können Sie Ihre Führungstätigkeit gezielt auf Ihre Mitarbeiter und Ihre Ziele abstimmen. Sie führen nicht nach dem Prinzip «Versuch und Irrtum» oder «Probieren geht über Studieren». Unglücklicherweise liegen Eigen- und Fremdwahrnehmung häufig sehr weit auseinander. Sie selbst halten sich vielleicht für einen geduldigen Zuhörer und bedächtigen Entscheider. Ihre Mitarbeiter aber haben immer wieder Ihre knurrige Antwort im Ohr: «Darum kümmere ich mich später, ich habe jetzt keine Zeit.» In diesem Fall spricht Ihre Eigenwahrnehmung nur dafür, dass Sie sich etwas von sich selbst wünschen und erhoffen, was tatsächlich nicht vorhanden ist. Wie Sie also gerne wären, es aber nun einmal nicht sind. Letzten Endes aber erklärt Ihr Team Sie entweder zu einem klugen, sachlichen und menschlich interessierten Teamchef oder aber zu einem cholerischen und überforderten Vorgesetzten.

Beobachten Sie also nicht nur Ihre Mitarbeiter, sondern auch sich selbst. Der folgende kurze Fragenkatalog kann Ihnen bei der Einschätzung Ihrer eigenen Art gute Dienste leisten. Gehen Sie bei jeder einzelnen Frage in sich, und notieren Sie Ihre Gedanken möglichst vollständig. Vielleicht stellt sich

Ihnen im einen oder anderen Fall noch eine weiter gehende Frage. Beantworten Sie auch diese und notieren Sie alles. Seien Sie aber so aufrichtig wie möglich. Sie sammeln hier nicht Punkte für jemand anderen, und Sie brauchen auch nicht möglichst gut abzuschneiden. So bekommen Sie ein gutes Selbstbild über Ihr Führungsverhalten im Allgemeinen. Sie verstehen vielleicht dadurch schneller, warum Sie in welcher Situation so und nicht anders reagieren.

- Was war der Grund dafür, dass ich überhaupt eine Führungsaufgabe angeboten bekommen habe? (Kündigung/ Entlassung Ihres Vorgängers, Neubildung der Abteilung? Waren Sie der Nächste auf der Leiter, haben Sie eine Stufe übersprungen, verfügen Sie über Kontakte ...?)
- Warum habe ich das Angebot angenommen (Neugierde, Karriere, Machthunger, Interesse, Geld ...)?
- Was sind meine Stärken in Bezug auf meine jetzige Position (fachlich, menschlich, Kontakte ...)?
- Wo habe ich Schwierigkeiten (fachlich, menschlich ...)?
- Was sind meine Mitarbeiter für mich (Mitarbeiter, Befehlsempfänger, Belastung, Hilfe, das Wichtigste ...)?
- Was für ein Arbeitstyp bin ich (fleißig, zügig, abgelenkt, zielorientiert, phantasievoll, brav ...)?
- Wie organisiere ich (meine) Arbeit (strukturiert, chaotisch, Zufallsprinzip ...)?
- Welche Anforderungen stelle ich an mich selbst und an andere (Arbeitszeit, Output, Engagement ...)?
- Wie rede ich mit anderen? (Hören Sie zu, wiegeln Sie ab, verweisen Sie auf andere, «Tonfall» ...?)
- Wie viel Vertrauen habe ich zu meinen Mitmenschen, Vorgesetzten, Kollegen und Mitarbeitern? (Wem trauen Sie warum und wem nicht ...?)

- Wie weit bin ich bereit, Mitarbeitern Kompetenz und Verantwortung für Aufgaben zu übergeben?
- An wen gebe ich Aufgaben weiter (warum) und an wen nicht (warum)?
- Wie kontrollorientiert bin ich? Was tue ich bei positiven wie negativen Abweichungen vom erwarteten Ergebnis?
- Wie gehe ich mit eigenen Misserfolgen um?

Wenn Sie sich selbst ehrliche Antworten auf diese Fragen geben, haben Sie schon mal ein recht klares Bild davon, wie Sie auf Ihre Mitarbeiter wirken könnten. Vielleicht sind Sie positiv überrascht und stellen fest, dass Sie doch ordentlicher und strukturierter arbeiten, als Sie dies bisher angenommen hatten. Hier müssen Sie also keine weitere Zeit investieren, um Arbeitsabläufe effektiver zu organisieren. Aber vielleicht merken Sie auch, dass Sie den einen oder anderen Mitarbeiter häufiger vertrösten oder abwehrend auf ihn reagieren. Fragen Sie sich, ob es an einer persönlichen Abneigung liegt. In diesem Fall sollten Sie Ihr Verhalten schleunigst ändern. Oder liegt es vielleicht daran, dass Mitarbeiter X Sie mit immer denselben Fragen nervt, obgleich er schon lange genug in diesem Beruf und Unternehmen arbeitet, um sich diese Fragen selbst zu beantworten und eine Lösung parat zu haben? Dann sagen Sie es ihm auf den Kopf zu, dass Sie mehr Mut zur Entscheidung von ihm erwarten.

Sie sind 24 Stunden am Tag und 365 Tage im Jahr Führungskraft
Sie selbst und auch Ihre Umwelt, etwa Familie und Freunde, werden schnell bemerken, dass Sie als Führungskraft Ihre Verantwortung nicht nach 8 bis 10 Arbeitsstunden an der Firmen-

tür abgeben können wie einen Regenschirm an der Garderobe. Sie sind 24 Stunden am Tag Führungskraft, auch am Wochenende oder wenn Sie sich im Urlaub in Positano die Sonne auf den Bauch scheinen lassen – die Verantwortung dafür, dass Ihr Team sein Ziel erreicht, lässt Sie nicht los! Und das Interesse an Ihren Mitarbeitern auch nicht. Denn erstens tragen Sie die Verantwortung und zweitens hängt Ihr beruflicher Erfolg ganz entscheidend davon ab, ob Ihre Mitarbeiter in Ihrem Sinne funktionieren und handeln oder nicht. Führung gleicht einem Ruderboot: Sie sind der Schlagmann und geben die Geschwindigkeit vor, mit der alle anderen rudern. Und außerdem haben Sie den Überblick und sagen, wo es langgeht und welche Strecke Sie alle zusammen fahren. Behalten Sie das Bild vom Ruderboot im Kopf, wenn Sie sich den «Führungskreislauf» anschauen. Er veranschaulicht Ihnen die wichtigsten Aufgabenfelder einer Führungskraft.

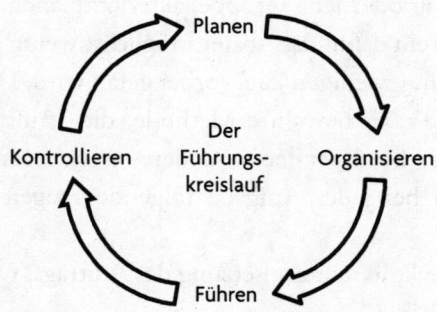

Planen

Den allgemeinen und übergreifenden Teil der Planung haben Sie ja bereits praktisch kennen gelernt. Ihr Vorgesetzter hat mit Ihnen das Ziel für Ihr Team besprochen, es Ihnen aufgegeben oder mit Ihnen vereinbart. Sie haben sich überlegt, welche Hilfsmittel Sie zur Verfügung haben und wie hoch Ihr Budget ist. Außerdem haben Sie entschieden, welcher Mitarbeiter welche Aufgabe bearbeiten wird, denn Sie haben sich über deren individuelle Stärken und Schwächen Gedanken gemacht und Entscheidungen darüber getroffen, wie Sie jeden Ihrer Mitarbeiter einordnen. Je weiter Sie vorankommen im Beruf und je höher Sie das Treppchen hochsteigen, desto intensiver werden Sie Aufgaben wie zum Beispiel Budgetplanung, Personaleinsatzplanung, Urlaubsplanung, Weiterbildung und dergleichen mehr in Beschlag nehmen. Jetzt allerdings bedeutet Planung für Sie als Führungskraft akribische Feinarbeit, denn Sie müssen im engeren Sinn jede Aufgabe, jeden Auftrag oder jede Gruppenaktivität planen. Sie sorgen von vornherein dafür, dass später möglichst wenig Arbeit umsonst oder am jeweiligen Ziel vorbei getan wird. Dafür gibt es eine in der Praxis bewährte Methode, die «Auftragsauswertung». Bevor Sie irgendetwas anderes unternehmen, sollten Sie für sich bei jeder Aufgabe folgende Fragen beantworten:

1. Was ist die konkrete Zielsetzung des Auftrags, was genau ist die Absicht?

2. Welche wesentliche Leistung habe ich (mit meinem Team/ mit einer von mir einzusetzenden Arbeitsgruppe) zu erbringen?

3. Welche Rahmenbedingungen habe ich zu beachten (Zeit, Budget, Anzahl der Mitarbeiter, sonstige Auflagen)?

4. Welche Möglichkeiten gibt es, das Ziel zu erreichen?
5. Welche Vorzüge und Nachteile ergeben sich aus den jeweiligen Möglichkeiten?
6. Für welche Möglichkeit entscheide ich mich?

Wenn Sie alle Fragen eingehend beantwortet haben, wissen Sie genau, was auf Sie zukommen wird, wo es möglicherweise Probleme geben kann, wie Sie dann gegensteuern können, welche Hilfsmittel noch bereitgestellt werden müssen, wie Sie die eventuelle Zusammenarbeit mit anderen Abteilungen und/oder externen Stellen koordinieren müssen usw. Wenn Sie diese Fragenliste vor jeder Aktivität konsequent durcharbeiten, werden Sie automatisch zielorientierter handeln, weniger Fehler in der Planung machen, bei sich selbst und Ihren Mitarbeitern Zeit sparen und die Nerven aller schonen. Wenn ein Auftrag zu umfangreich sein sollte, übertragen Sie ruhig Ihren Mitarbeitern die Verantwortung für Teilbereiche. Lassen Sie sie doch auch einmal einen Materialplan erstellen oder einen Ablaufplan ausarbeiten. Nutzen Sie diese Gelegenheit, um verborgene Talente und Qualitäten Ihrer Kollegen kennen zu lernen. Außerdem vergrößert diese Art der Einbindung später auch die Identifikation Ihrer Mitarbeiter mit dem Projekt. Selbstverständlich müssen Sie die Ergebnisse dieser Planungen prüfen. Denn erstens können Sie die Mitarbeiter nicht für etwas verantwortlich machen, das eigentlich in Ihren Zuständigkeitsbereich fällt. Zweitens können Sie sich grundsätzlich keine Fehlplanung als Führungskraft leisten, denn jeder Fehler Ihres Teams oder Ihrer Abteilung geht berechtigterweise mit Ihnen selbst nach Hause und nicht mit dem Mitarbeiter, dessen Arbeit Sie hätten kontrollieren müssen. Drittens lernt Ihr Mitarbeiter erst dann etwas, wenn er die korrigierte Fassung noch einmal durcharbeiten kann. Nur wenn er weiß, wo Fehler aufgetreten sind, kann er diese beim nächsten Mal vermeiden.

Organisieren

Wenn nun alles für die Aufgabe, das Projekt oder den einzelnen Auftrag geplant ist, kommt die Organisation an die Reihe. Dabei kann es sich ebenso um die Beschaffung von Büromaterial handeln wie um die Buchung eines Konferenzraums oder um eine Dienstreise. Dazu kommt aber auch die Absprache mit Führungskräften oder Fachleuten aus anderen Unternehmensbereichen. Kurzum, «Organisieren» meint alles, was vor Beginn der eigentlichen Arbeit am Auftrag geregelt, besorgt oder koordiniert werden muss. Dass Sie als Führungskraft zumindest im Sinne des «Daran-Denkens» und Kontrollierens verantwortlich sind, liegt auf der Hand. Oftmals werden Sie allerdings auch ganz unmittelbar tätig werden müssen, nicht zuletzt dann, wenn Sie als Teamleiter Anforderungsformulare, Kostenvoranschläge etc. unterschreiben müssen. Auch für diesen Bereich gilt: so viel Hilfe und Kontrolle wie nötig, so viel Eigenverantwortlichkeit wie möglich. Solange Sie einen Sekretär oder Assistenten zur Verfügung haben, der etwa preiswerte Reisemöglichkeiten für Ihre Mitarbeiter heraussucht, läuft alles einwandfrei. Wenn sich Ihre Mitarbeiter allerdings selbst um Buchungen kümmern, ist der Kontrollblick wichtig, denn sonst kann es Schwierigkeiten bei der Schlussabrechnung geben, die unerfreulich sind und für die wieder nur Sie verantwortlich gemacht werden können.

Führen

Hierunter fallen eine Fülle von Tätigkeiten, die Führungsaktivitäten gegenüber Ihren Mitarbeitern umfassen. Sie informieren beispielsweise Ihre Mitarbeiter, was in Ihrem Unternehmen gerade passiert, wie die Umsätze sich entwickeln, wo Probleme auftauchen, wenn Strategien geändert werden. Dem umstrittenen Thema Transparenz und seiner entscheidenden Wichtigkeit für das Gelingen Ihrer Arbeit mit dem Team widmen wir das gesamte folgende Kapitel 3. Des Weiteren delegieren Sie Aufgaben und die dazugehörige Verantwortung, dass die Aufgabe auch erfüllt wird. Oder Sie erteilen Mitarbeitern Aufträge, die diese eigenverantwortlich zu bearbeiten haben. Natürlich unterstützen Sie Ihre Mitarbeiter, wenn Sie erkennen, dass diese Probleme haben, was dann wiederum ein Teil dessen ist, was man unter «Coaching» versteht. Sie achten darauf, ob einer Ihrer Mitarbeiter einen «Durchhänger», hat, und greifen früh genug ein, um ihn wieder «hochzuholen» und zu motivieren. Sie fassen selbst mit an, wenn Sie merken, dass die Zeit davonläuft und Personal fehlt.

So sagt zum Beispiel der Chef eines Softwareherstellers, dass auch er sich nicht zu fein sei, den Feudel zur Not selbst in die Hand zu nehmen, wenn im Konferenzraum noch einmal schnell gewischt werden muss, weil die Kunden in fünf Minuten auf der Matte stünden.

Sie greifen ein und geben Anweisungen, wenn Sie merken, dass Ihre Mitarbeiter gegen elementare Regeln verstoßen. Wenn beispielsweise Hierarchien nicht eingehalten werden, hinter dem Rücken über einen Dritten geredet oder die hausinterne Philosophie für den Umgang mit Kunden nachweislich nicht praktiziert wird. Sie loben Mitarbeiter für gute und kritisieren sie bei mangelnden Leistungen. Lob und Kritik sind Basisbestandteile der Motivationsarbeit, die Sie als Führungskraft zu leisten haben. Sie versuchen, Ihren Mitarbeitern auch bei privaten Problemen Lösungswege zu zeigen, wenn diese Probleme Auswirkungen auf die Arbeitsleistung haben oder unter Umständen haben könnten. Sie sorgen dafür, dass Ihre Mitarbeiter trainiert werden, damit ihre Arbeit im Sinn der Zielsetzung noch besser wird oder wenn dies dazu beiträgt, dass ein Mitarbeiter sich angemessen gefördert fühlt.

Wenn Sie jetzt meinen, dies alles sei das Selbstverständlichste der Welt und dass Führungskräfte dies doch jeden Tag tun, dann sind Sie auf dem Holzweg. Die eingangs erwähnte Umfrage zeichnet ein ganz anderes Bild: Über 56 Prozent der befragten Arbeitnehmer antworten, dass ihre Führungskraft nur manchmal, selten oder nie ihre Mitarbeiter nach deren Stärken, Schwächen oder Eigenschaften einsetzt. 67 Prozent der Führungskräfte regen ihre Mitarbeiter nur manchmal, selten oder nie an, Weiterbildungsmaßnahmen zu besuchen. 55,4 Prozent der Befragten geben an, dass ihre Führungskraft die einzelnen Arbeiten nicht zu einem Gesamtergebnis zusammenführt und dabei Schnittstellen und Verbindungen schafft. Und nur jede zweite Führungskraft äußert den Mitarbeitern gegenüber häufig oder immer Anerkennung für gute Leistungen.

Kontrollieren
Auch hier gibt es, wie schon bei der Planung, zwei Ebenen. Allgemein kontrollieren Sie natürlich zumindest einmal im Jahr, inwieweit Sie Ihre Ziele tatsächlich erreicht haben oder

ob es Abweichungen davon gibt. Auch bei Aufträgen, die Sie einem oder mehreren Mitarbeitern erteilt haben, kontrollieren Sie, ob oder wie viele Teilbereiche des von Ihnen gesteckten Ziels erreicht worden sind und woran es unter Umständen gehapert hat. Im Einzelnen gibt es natürlich auch hier ungleich mehr zu kontrollieren. Das Budget muss überwacht, sprich kontrolliert, werden. Natürlich müssen Sie auch prüfen, ob die Anweisungen, die Sie einem Mitarbeiter gegeben haben, umgesetzt worden sind. Hat er sich beispielsweise, wie Sie es eingefordert haben, regelmäßig nach Geschäftsreisen bei Ihnen gemeldet und den Zwischenbericht und die Analysen pünktlich gefaxt? Sie müssen die Reisekosten- oder Überstundenabrechnungen Ihrer Mitarbeiter checken und durch Ihre Unterschrift bestätigen. Seien Sie sich klar darüber, dass Kontrolle ein unverzichtbares Element von Führung ist, denn nur durch Kontrolle haben Sie die Gelegenheit, festzustellen, inwieweit Sie die für Ihr Arbeitsteam verbindlichen Ziele überhaupt fristgerecht erreichen werden. Außerdem können Sie Ihren Mitarbeitern nur dann Feedback, Anerkennung, Lob, hilfreiche Kritik oder Anweisungen für ein verändertes Verhalten geben, wenn Sie sie kontrollieren. Dinge laufen lassen bedeutet Schwäche in der Führung. Ein Führungsverhalten, das von Ihren Mitarbeitern ausgenutzt werden und Ihnen bei Ihrer Firmenleitung große Schwierigkeiten einbringen kann. Kontrolle ist für sich gesehen weder positiv noch negativ. Sie ist einfach notwendig, damit jeder in Ihrem Team weiß, wie er sich einordnen kann. Sie werden schnell merken, dass Ihr Team sogar von Ihnen erwarten wird, dass Sie Ihrer Kontrollaufgabe gerecht werden, denn diese bedeutet nicht nur Einschränkung, sondern auch eine Absicherung für Mitarbeiter, die die Verantwortung gar nicht selbst tragen können, auch wenn sie es wollten. Schließlich ist das Ergebnis der Kontrolle Anlass für Sie, wieder in die Planung einzutreten.

So wie Sie 24 Stunden am Tag Führungskraft sind, gestaltet sich Führung für Sie in einem Kreislauf, der sich kontinuierlich wiederholt. Sie vereinbaren ein Ziel mit Ihrem Mitarbeiter oder Ihrem Team, planen und organisieren den Weg, um das Ziel auch erreichen zu können. Dann führen Sie Ihre Mitarbeiter bei der Umsetzung und kontrollieren den Erfolg im Detail und im Ganzen. Wenn das geplante Ziel nicht oder nur zum Teil erreicht worden ist, schließt sich wieder die Planung an, Sie müssen die Organisation überarbeiten und so fort.

Der Führungskreislauf in der Praxis

Bei einem Teamentwicklungsseminar für Geschäftsleitung und Mitarbeiter einer Handelsberatungsgesellschaft bekam ein Mitglied der Gruppe folgenden Auftrag: Als Teamchef sollte er mit seinen Kollegen innerhalb einer festgelegten Zeit mit vorgegebenem Material eine Brücke über einen Wassergraben bauen. Um die Anforderung zu steigern, sollte gleichzeitig für die Gruppe das Abendessen in einem benachbarten Geräteschuppen vorbereitet werden. Hierzu wurde der «Teamchef» vor Ort vom Seminarleiter in die Details des Auftrags eingewiesen und hatte anschließend 20 Minuten Zeit, zu planen, zu organisieren und die Arbeit einzuteilen, bis die restlichen Teilnehmer eintrafen. Der «Teamchef» rauchte lieber eine Zigarette und ließ die Zeit ungenutzt verstreichen. So passierte, was passieren musste. Erwartungsvoll sahen wenig später neun Teammitglieder auf den Kollegen, der den Auftrag bekannt gab. Währenddessen machten sich einige Teilnehmer, allein oder zu zweit, bereits Gedanken, wie man die Brücke bauen könnte. Kurze Zeit später wurden Baumaterialien und Werkzeuge zum Gewässer getragen. Dann schnappte sich der erste Mutige ohne weitere Absprache mit zwei Kollegen einen Trägerbalken, legte ihn quer über den Wassergraben, balancierte auf allen Vieren auf die andere Seite und gab

Anweisungen, was jetzt zu tun sei. Währenddessen plante der Teamchef mit den restlichen Teilnehmern, wie die Brücke zu konstruieren sei, und kam dabei zu einer ganz anderen Lösung. Als er bemerkte, dass die Kollegen bereits vollendete Tatsachen geschaffen hatten, entstand Chaos. Bis alles wieder geordnet zuging, verging wertvolle Zeit. Natürlich waren die Teilnehmer frustriert. Die, die gleich angepackt hatten, waren vom Teamleiter gebremst worden, der weder geplant und organisiert noch geführt oder kontrolliert hatte. Er hatte keine einzige der Grundfertigkeiten, die man von einer Führungspersönlichkeit erwarten kann, angewandt. Und vom Essen traute sich sowieso keiner der Teilnehmer mehr zu sprechen. Bei der Auswertung dieser Seminarübung kam heraus, dass dieses Vorgehen überhaupt nicht ungewöhnlich, sondern ganz im Gegenteil sehr häufig im Unternehmen der Fall war.

Dieses Seminarbeispiel zeigt Ihnen, was wir meinen, wenn wir sagen: Jedes Team braucht Führung. Was hätte der Teamleiter nicht alles besser machen können? Zunächst einmal wurde mit ihm ganz klar ein Ziel vereinbart: nämlich eine Brücke über einen Graben zu errichten und dafür zu sorgen, dass das gesamte Team im Anschluss an den Bau vor Ort zu Abend essen konnte. Die wesentliche Leistung wäre also gewesen, die Teammitglieder so einzuteilen, zu informieren und zu motivieren, dass alle Arbeiten erfolgreich und in der vereinbarten Zeit abgeschlossen worden wären. Es gab auch einige Auflagen zu bedenken: die genauen Orte für den Brückenbau und das Abendessen, die vorgegebene Zeit, welche Art von Baumaterial und Lebensmitteln an welcher Stelle und in welcher Menge bereitstanden sowie die Arbeitskraft, die eingesetzt werden konnte. Die Brücke selbst hätte zumindest auf zwei unterschiedliche Arten konstruiert und errichtet werden können. Beim Prüfen der Vor- und Nachteile wären vor allem die Bauzeit, das Gewicht und die möglichen Werkzeuge zu berücksichtigen gewesen. Mindestanforderung für den Teamleiter war aber auf jeden Fall, einen fertigen Arbeitsplan zu entwickeln, aus dem hervorgegangen wäre, wie die Brücke aussehen sollte, wer am Brückenbau und wer an der Essenvorbereitung mitzuwirken hätte. Und natürlich wäre es wichtig gewesen, einen Verantwortlichen für das Essen zu finden und an diese Person den Teilauftrag «Essenzubereitung» zu delegieren. Denn der Teamleiter hätte sich dadurch genügend Freiraum verschafft, um beim Brückenbau als Schwerpunktaufgabe selbst im Sinne der Führung Einfluss nehmen zu können. Durch gelegentliche Kontrollen der Teilgruppe «Essenzubereitung» hätte er seine Freiräume sinnvoll nutzen können, um sicherzustellen, dass das Gesamtziel (Brückenbau plus fertiges Abendessen) tatsächlich in der vorgegebenen Zeit erreicht würde. Sie sehen deutlich, dass Sie sich als Führungskraft einfach Freiräume schaffen müssen, um überhaupt die Möglichkeit zu haben, gestalten zu können. Das erreichen Sie nur, wenn Ihnen nicht das «Tagesgeschäft» über den Kopf wächst. Halten Sie sich angemessen viel davon vom Leib, um ausreichend Zeit für Planung, Organisation, Führung und Kontrolle zu haben. Sobald Sie eine dieser vier Aufgaben nicht mehr erfüllen können, weil Sie einfach nicht genug Zeit haben, geraten Sie aus dem Führungskreislauf heraus, und ein Fehler ist unausweichlich. Es sollte Ihnen klar geworden sein, dass sich jede Führungskraft, egal ob Personalleiter, Filialdirektor, Art Director oder was auch immer, in diesem Führungskreislauf bewegt. Trainieren Sie sich selbst darauf, immer wieder abzuchecken, in welcher der vier Aufgaben Sie sich gerade befinden, welche Bereiche gut gelaufen sind, wo Sie Defizite an sich bemerken oder Ihnen Fehler unterlaufen sind. Sie können zwar dann, wenn die Arbeit getan wird, kaum noch etwas grundlegend ändern, aber Sie wissen schon vorher, wo es Ärger oder Schwierigkeiten geben kann. Außerdem wissen Sie, worauf Sie beim nächsten Auftrag noch mehr achten müssen. Sie sparen also Zeit bei den Dingen, die sowieso klappen, und investieren die gewonnene Zeit in die Punkte, an denen Sie Schwachstellen bei sich und/oder Ihrem Team entdeckt haben.

Führen Sie mit Stil – aber mit dem richtigen!

Nehmen wir an, Sie sitzen in Ihrem Büro vor Ihrem Computer, das Telefon klingelt gerade, und in der Tür steht Mitarbeiter W und signalisiert, dass da eine ausgesprochen wichtige Frage von Ihnen beantwortet werden muss. Sie wiederum müssen gerade drei andere Dinge gleichzeitig erledigen, halten die Telefonhörermuschel zu und schaffen gerade noch ein kurzes «Nicht jetzt!». Malen wir nochmal dasselbe Bild, nur dass jetzt Mitarbeiter X in der Tür steht. Sie halten wieder die Telefonhörermuschel zu und sagen ganz ruhig: «Um Himmels willen, du siehst doch, dass das hier wichtig ist, verschon mich jetzt mit dem Kram.» Und nochmal dieselbe Situation, jetzt allerdings guckt Mitarbeiter Y durch den Türspalt. Sie winken ihn ins Zimmer, werfen einen Blick auf die hingehaltenen Seiten, während Sie weitertelefonieren, und schreiben zwei Kurzbemerkungen. Dieselbe Szene, und schließlich steht Mitarbeiter Z in der Tür. Der ist erst seit zwei Wochen in der Firma und weiß nicht, wo ihm der Kopf steht. Diesmal gibt es keinen Griff zur Telefonmuschel, sondern nur das Nicken zum leeren Stuhl Ihnen gegenüber und die stille Aufforderung, dass Mitarbeiter Z sich hinsetzt und zwei Minuten wartet, bis Sie das Telefongespräch zu Ende gebracht haben. Was Sie vielleicht intuitiv machen, aber eben gerade gelernt haben? Für unterschiedliche Mitarbeiter brauchen Sie unterschiedliche Führungsstile.

Unterschiedliche Mitarbeiter – unterschiedliche Führungsstile

Vier unterschiedliche Mitarbeiter auf vier unterschiedlichen Entwicklungsstufen erfordern vier unterschiedliche Führungsstile. Wenn Sie also jemand fragt, wie Sie führen, können Sie getrost antworten: «Mal so, mal so, wie es gerade passt.» Mal helfen und unterstützen Sie, mal ordnen Sie einfach nur an, dann wieder erwarten Sie schlichtes Wiederholen einer bestimmten Handlung, und schließlich geben Sie einfach Aufgaben ab und kontrollieren nur noch einmal zum Schluss. Wichtig für Sie ist zu wissen, dass es nicht den «einen», absolut richtigen Stil gibt, um Ihre Teammitarbeiter zu führen. Im Folgenden beschreiben wir Ihnen die vier Führungsstile, die von den Autoren Blanchard und Zigarmi beschrieben wurden. Wenn Sie diese kennen, dann haben Sie einen roten Faden, mit dem Sie Ihre Mitarbeiter jederzeit individuell und gut führen können.

Führen durch Dirigieren

Dirigieren ist die einfachste Form des Führens, denn eigentlich müssen Sie noch nicht einmal erklären und begründen, warum was getan wird, sondern Sie lassen einfach machen. Das heißt, Sie weisen Mitarbeiter M an, in der Filiale die Regale zu kontrollieren, dort aufzufüllen, wo gerade etwas fehlt, und einen Vermerk darüber zu notieren. Sie wenden vielleicht ein, Mitarbeiter M sei damit heillos unterfordert, denn immerhin habe er schon im Großlager gearbeitet und könne eigentlich viel mehr. Fragen Sie M, und er wird Ihnen antworten: «Ja, im Moment räume ich tatsächlich nur Regale ein. Aber ich bin ganz froh darüber, denn vorher habe ich im Großlager gearbeitet. Da haben wir uns gar nicht darum gekümmert, wo man welches Produkt am besten hinpackt, da ging es ausschließlich darum, Stauraum zu nutzen. Ich wollte gerne in die Filiale, um zu lernen, wie man Regale verkaufsorientiert gestaltet. Und jetzt habe ich die Möglichkeit, genau zu beobachten, welche Produkte gekauft werden und wie ich sie am besten anordne. Weil ich noch nicht ganz sicher darin bin, kontrolliert mein Chef meine Arbeit sofort. Nächste Woche fange ich dann an, auch im Verkauf zu arbeiten.»

Dirigieren bedeutet, dass Sie ohne Umschweife und deutlich sagen, was wann und auf welche Weise wo gemacht wird. Wenn diese Aufgabe von Ihrem Mitarbeiter erfüllt worden ist, müssen Sie genau kontrollieren, ob alles in Ihrem Sinn gelaufen ist. Ihr Mitarbeiter muss von Ihnen eine Manöverkritik als Feedback erwarten können.

Führen durch Delegieren

Dem gegenüber steht das Führen durch Delegieren. Selbstverständlich bleibt es Ihnen nicht erspart, bei der Planung zu unterstützen und das Ziel zu kontrollieren. Aber der Weg dahin muss Sie nicht mehr unbedingt interessieren. Woran dies liegt? Sie haben es hier mit einem Mitarbeiter zu tun, der über so viel Erfahrung wie auch Motivation verfügt, dass er selbständig eine Idee entwickeln kann, diese dann mit Ihnen abspricht und genehmigen lässt, darauf Planung und Organisation übernimmt, das Ziel erreicht – und von vornherein auch weiß, dass er dies schaffen wird. Ein Mitarbeiter also, der gleich über das nötige Selbstvertrauen verfügt, eine derartige Aufgabe in Angriff zu nehmen und sie auch weitgehend eigenständig und eigenverantwortlich abzuschließen. Sie haben vorhin den Lagerarbeiter gefragt, ob er nicht unterfordert sei. Er hat Ihnen geantwortet, dass es im Moment sehr hilfreich für ihn sei, genau so zu arbeiten, und dass er sich darauf freue, bald auch eigene Ideen zu entwickeln. Genauso wird Ihnen der erfahrene Mitarbeiter etwa für den Bereich Produktentwicklung bei derselben Firma sagen: «Mein Vorgesetzter kommt nur selten mal vorbei. Einmal pro Woche trinken wir einen Kaffee zusammen und gucken meine Aufzeichnungen durch, ob auch alles so funktioniert, wie ich mir das überlegt habe. Manchmal bringt er auch noch ein paar neue Ideen und Vorschläge mit, die ich mir dann aufschreibe und über die ich ihm meine Meinung dann in der Woche darauf sage. Wenn es brandeilig ist, schreibe ich ihm einige Zeilen dazu auf.» Und wenn Sie jetzt fragen: «Haben Sie nie das Gefühl, dass sich keiner um Sie kümmert, dass es vielleicht auch einfach keinen interessiert, womit Sie sich beschäftigen und wie Sie vorankommen?», dann wird der Produktentwickler antworten: «Nein, ganz sicher nicht. Denn wie gesagt, wir tauschen uns regelmäßig aus. Wissen Sie, ich bin schon ziemlich lange in diesem Geschäft. Trotzdem bin auch ich nicht unfehlbar. Deswegen kann ich jederzeit mit meinem Vorgesetzten sprechen, wenn ich mir nicht ganz sicher bin. Aber dann halte ich ihn nicht mit Problemschilderungen auf, sondern habe mir vorher schon Lösungsmöglichkeiten überlegt, und wir wählen dann gemeinsam einen Weg aus. Wir haben wirklich ein kollegiales Verhältnis. Jeder weiß, was der andere kann. Und es ist mir ganz klar, bis wohin ich alleine gehen kann und wann ich mir eine Genehmigung einholen muss.»

Die beiden eben vorgestellten Führungsstile liegen extrem weit auseinander, denn beim Dirigieren räumen Sie Ihrem Mitarbeiter überhaupt keinen Spielraum ein, da gibt es keine eigene Kreativität, keine Ideen und keine Verantwortung, die wenigstens in Teilbereichen übernommen werden könnte. Sie sind die Führungskraft und Sie geben schlichtweg alles vor. Vom Wie zum Wo und natürlich auch das Wann und Wielange. Am anderen Ende der Skala steht das Delegieren, denn Ihr Mitarbeiter kommt schon mit der eigenen Idee oder wenigstens dem Auftrag zur eigenen Idee zu Ihnen. Was ihn erwartet, ist keine Anweisung, sondern Ihr offenes Ohr und Ihre Unterstützung, Ihr helfendes Eingreifen, Ihr Rat, aber vor allem Ihre Bereitschaft, ihm eine Aufgabe zu übertragen, gemeinsam einen Weg zu entwickeln und ihn unterstützend zu begleiten. Außerdem geben Sie hier sehr wohl auch Kompetenzbereiche wenigstens zeitweise aus der Hand.

Nun wenden Sie diese beiden unterschiedlichen Führungsstile ja nicht willkürlich und ohne Sinn und Verstand an oder weil Ihnen der eine oder andere sympathischer wäre. Sie unterscheiden zwischen diesen beiden Stilen vielmehr deshalb, weil zwei völlig unterschiedliche Mitarbeiter geführt werden müssen. Diese Mitarbeiter stehen also vielleicht unterschiedlich lange im Berufsleben, haben völlig andere Ausbildungswege durchlaufen, weisen andere Talente auf, arbeiten unterschiedlich lange für die Firma oder in Ihrem Bereich und haben außerdem auch jeder nach seiner Fasson Spaß bei der Arbeit, sind also in den Stadien ihrer Motivation nicht zu vergleichen. Weil es aber nicht nur diese beiden Mitarbeiter gibt, die in ihrer Kompetenz und ihrem Engagement nicht weiter auseinander liegen könnten, existieren noch weitere Führungsstile. Aus dem Dirigieren und dem Delegieren, den beiden Hauptstilen, setzen sich die zwei weiteren Führungsstile zusammen, die Sie ebenfalls beherrschen sollten. Die beiden Hauptformen werden in unterschiedlichem Verhältnis gemischt und ergeben zum einen das Führen durch Trainieren und zum anderen das Führen durch Sekundieren.

Die beiden anderen Führungsstile

Der Lerneffekt beim einfachen Wiederholen einer bestimmten Handlung ist unbestritten und bedeutet keineswegs, dass hier nur hirnlos immer wieder der Hebel von links nach rechts umgelegt wird, bis die Handlung wie im Schlaf sitzt. Denken Sie zum Beispiel an eine relativ komplizierte Aktion wie das Autofahren. Kaum etwas anderes kann für Sie selbst oder Ihre Mitmenschen so gefährlich werden. Dennoch müssen Sie es lernen, und das geht nun mal nur unter Realbedingungen im Straßenverkehr. Sie schauen um sich, schätzen ein, reagieren, entscheiden und müssen auch noch ganz praktisch mit Händen und Füßen arbeiten. Und für das komplette Produkt, also für das unfallfreie Fahren von A nach B, tragen Sie sofort die ganze Verantwortung. Um wenigstens die gröbsten Fehler aus dem Weg zu räumen, Sie auf einige der gefährlichen Situationen vorzubereiten und Ihre Entscheidungsfähigkeit so weit zu trainieren, dass Sie wissen, was erlaubt ist und was nicht, müssen Sie erstmal zur Fahrschule. Und hier wird geübt. Manchmal haben Sie sich vielleicht sogar geärgert und gedacht: «So eine Zeit- und Geldverschwendung, einfach nur durch die Straßen zu kurven, das kann ich doch schon alles. Am Anfang hat er mir alles erklärt und viel mehr aufgepasst. Jetzt sitzt der

Fahrlehrer nur noch neben mir und stopft sich die Taschen voll.» Aber bei der ersten Gelegenheit, bei der Sie alleine im Auto sitzen und in einer gefährlichen Situation intuitiv richtig reagieren, etwa bremsen oder voll aufs Gaspedal treten, wissen Sie das Eingeübte, eben das Trainierte, zu schätzen. Denn es hat Ihnen die Voraussetzung an die Hand gegeben, keinen Unfall zu verursachen. Trainieren als Führungsstil bedeutet, dass Sie viel Dirigieren, also sagen, was wie getan wird, und eben auch viel kontrollieren, aber genauso auch Delegieren. Das heißt, Sie bestimmen nicht nur, Sie fordern von Ihrem Mitarbeiter auch Mitdenken und die Bereitschaft, Verantwortung zu übernehmen, wo es angebracht ist.

Sekundieren als Führungsstil bedeutet etwas mehr Arbeit für Sie, denn Sie investieren wesentlich mehr Zeit (beim Zuhören) und mehr Energie (beim Mitdenken). Allerdings ist auf der anderen Seite die Leistung, die Ihr Mitarbeiter danach erbringt, für Sie persönlich wertvoller (nicht wichtiger!), weil Sie Ihnen als Führungskraft mehr Freiraum verschafft. Beim Sekundieren hören Sie Ihrem Mitarbeiter zu, wenn er Ihnen über eine Idee, ein Projekt oder eine Aufgabenstellung, also sein Anliegen, berichtet. Sie fordern vom Mitarbeiter dessen Vorschlag zur Lösung des Problems ein, wählen gemeinsam einen vernünftigen Weg aus und unterstützen Ihren Mitarbeiter bei der Umsetzung des beschlossenen Plans. Während der Arbeit hat Ihr Mitarbeiter immer wieder die Möglichkeit, Sie um Rat zu fragen und von Ihnen motiviert zu werden.

Sie sehen also, dass Sie für verschiedene Mitarbeiter auch unterschiedliche Führungsstile brauchen. Es hängt immer davon ab, mit wem Sie gerade zu tun haben. Deshalb müssen Sie sich stets die Frage stellen: Auf welcher Leistungsstufe steht mein Mitarbeiter? Über wie viel Kompetenz verfügt er und wie hoch ist sein Grad an Motivation? Kompetenz setzt sich zusammen aus den Komponenten Ausbildung, Arbeitserfahrung und Begabung. Machen Sie es sich also nicht so einfach und beurteilen Sie den Mitarbeiter ausschließlich nach der Anzahl gearbeiteter Jahre im Beruf und in der Firma. Wenn keine Begabung vorhanden ist, wird die Entwicklungsgrenze des Mitarbeiters schon nach einem Jahr erreicht sein, und nach oben hin gibt es keinen Spielraum mehr. Andererseits kann ein junger Mitarbeiter, der erst seit einem halben Jahr in der Firma ist, schnell aufholen. Und der wiederum mag den Vorteil haben, dass er motivierter ist. Motivation besteht aus Spaß und Interesse an der Arbeit und dem Grad an Selbstbewusstsein, mit dem der Mitarbeiter die eigene Leistung anerkennt. Das jeweilige Leistungsniveau Ihres Mitarbeiters kann sich unter Umständen extrem schnell und in manchen Fällen auch nachhaltig ändern. Sie haben ja in Ihrer ersten Woche in der neuen Position die Zeit genutzt, Gespräche zu führen, und sich Notizen gemacht (siehe Kapitel 1). Behalten Sie immer im Kopf, dass sich Ihre Mitarbeiter entwickeln, meistens nach vorn, manchmal unglücklicherweise auch zurück. Und Sie sollten sich tatsächlich immer wieder die Mühe machen, Ihre Mitarbeiter neu einzuschätzen, damit Sie den passenden Führungsstil zum aktuellen Leistungsstand finden. Ihnen ist der Kontakt zu Ihren Mitarbeitern äußerst wichtig, also muss auch die Art der Ansprache und der Aufgabenverteilung plus Kontrollanteil stimmen.

Mitarbeiterentwicklung	Angemessener Führungsstil
Niedrige Kompetenz + Hohes Engagement	**Dirigieren** Strukturieren, kontrollieren, unterstützen
Einige Kompetenz + Wenig Engagement	**Trainieren** Dirigieren und sekundieren
Hohe Kompetenz + Schwankendes Engagement	**Sekundieren** Anerkennen, zuhören und fördern
Hohe Kompetenz + Hohes Engagement	**Delegieren** Verantwortung für Routine- entscheidungen übertragen

Managen Sie Ihre Zeit

Sie wissen bereits über die Hilfsmittel, die Ihnen zur Verfügung stehen, Bescheid. Sie haben Ihre Mitarbeiter eingeschätzt und kennen sich in den verschiedenen Führungsstilen aus. Jetzt müssen Sie als Führungskraft so schnell wie möglich lernen, nicht in Arbeit zu ersticken, sondern sich den Kopf freizuhalten. Sie müssen dazu sofort lernen, Ihre Arbeit zu organisieren und Ihre Zeit in den Griff zu bekommen. Auch wenn Sie letzten Endes Ihrem Vorgesetzten gegenüber für alles verantwortlich sind, müssen Sie doch nicht jede Aufgabe selbst erledigen. Zu viele Führungskräfte gehen schweren Herzens ins Wochenende, sitzen beim Abendessen abwesend am Tisch, gehen nochmal die Woche durch und überlegen, welche Schwierigkeiten es gab und weiter geben könnte. Da wird gegrübelt, ob X wirklich der Aufgabe gewachsen ist, ob die Kalkulation von Y tatsächlich stimmt und wann Z endlich kündigen wird. Die Privatsphäre rutscht ganz schnell auf Platz zwei, sie wird für Sie im übertragenen Sinn zum «Reste-Essen». Wenn Sie Familie haben, ist sie meistens geduldig und hat Verständnis, denn immerhin schaffen Sie den größten Teil des Geldes heran. Schon nach kurzer Zeit werden Sie kaum mehr ins Kino gehen, weil Ihnen die Muße fehlt, einfach mal zwei Stunden still zu sitzen. Sie nehmen private Einladungen immer seltener wahr. Und selbst wenn Sie ausgehen, bleiben Sie nicht mehr so lange, weil Sie ja am nächsten Tag das Mädchen für alles in Ihrem Team sind. Ihr Problem wird noch größer, wenn Sie merken, dass Ihnen dieses Verhalten, das 12-Stunden-Arbeiten und das Auch-am-Sonntag-noch-et-was-Wegschaffen, von Ihrem Vorgesetzten keineswegs hoch angerechnet wird. Das Gegenteil wird passieren. Irgendwann wird Ihr Vorgesetzter sagen: «So geht das nicht weiter! Ich habe das Gefühl, Sie haben Ihre Mitarbeiter nicht richtig im Griff. Und die Zahlen vom letzten Monat gefallen mir überhaupt nicht. Außerdem fehlen mir noch drei Zwischenberichte von Projekt B. Das haben Sie mir doch alles schon vor zwei Wochen versprochen. In Ihrem Team läuft alles ein bisschen aus dem Ruder. Ich fange an, mir Sorgen zu machen.» Spätestens in diesem Moment sollten bei Ihnen alle Alarmglocken schrillen. Denn Sie bringen ganz eindeutig nicht die Leistung, die man von Ihnen erwartet. Und das, obwohl Sie jeden Tag 12 Stunden arbeiten. Ihr Fehler liegt darin, dass Sie zu viel Zeit in Dinge investieren, die andere viel besser machen könnten und auch machen sollten. Aus verschiedenen Gründen befassen Sie sich aber selbst damit. Weil Sie vielleicht

Schwierigkeiten haben, Dinge loszulassen. Weil Sie sich davor fürchten, dass andere neben Ihnen erfolgreich werden. Weil Sie anderen nicht zutrauen, die Aufgabe allein zu erledigen. All das sind Ihre Fehler! Denn es ist nicht Ihre Aufgabe, alles zu erledigen, aber es ist ganz klar Ihre Aufgabe, Ihre Mitarbeiter dahin zu bringen, dass sie diese Dinge erledigen können. Das ist Ihre Kernaufgabe als Führungskraft – und in diese sollten Sie den Hauptteil Ihrer Zeit investieren.

Verhindern Sie Rückdelegation!

Wahrscheinlich wird es Ihnen schnell passieren, dass ein Mitarbeiter, eventuell auf dem Flur, zu Ihnen kommt und sagt: «Kann ich Sie einen Moment sprechen, wir haben da folgendes Problem. Was sollen wir machen?» Sie sind ja ein guter Vorgesetzter, wollen Ihren Mitarbeiter nicht allein mit dem Problem stehen lassen und sagen bereitwillig: «Kommen Sie doch nachher mal zu mir ins Büro, bis dahin ist mir bestimmt was Gutes eingefallen. Wir kriegen das wieder hin.» Ihr Mitarbeiter ist das Problem los, Sie haben es sich aufgehalst, haben sogar versprochen, für das Problem, von dem Sie bis eben noch gar nichts wussten und das eigentlich auch gar nicht Ihres ist, eine praktikable Lösung anzubieten, und Sie haben sich zu allem Überfluss so unter Zeitdruck gesetzt, dass Ihr Mitarbeiter nun mit Fug und Recht die Lösung zu einer bestimmten Zeit einfordern kann. Sie haben also gleich mehrere kardinale Fehler auf einmal gemacht.

– Sie haben nicht geprüft, ob die Lösung des Problems nicht in den ureigensten Aufgabenbereich des anfragenden Mitarbeiters gehört und ob er nicht in der Lage ist, selbst eine Lösung zu erarbeiten.

- Sie haben sich das Problem des Mitarbeiters im Sinne einer «Rückdelegation» selbst aufgehalst.
- Sie haben dem Mitarbeiter die Chance genommen, für seine Arbeit gelobt oder bei ihr unterstützt zu werden.
- Sie haben Ihre eigene Zeitplanung durcheinander gebracht und beschäftigen sich aller Wahrscheinlichkeit nach mit Dingen, die nicht zu Ihren wesentlichen Aufgaben gehören. Dadurch bereichern Sie das in fast jedem Unternehmen anzutreffende Phänomen, wonach viele Führungskräfte nie genug Zeit, deren Mitarbeiter jedoch nie genug Arbeit haben.

Rückdelegation von Aufgaben ist ein weit verbreitetes Übel in vielen Unternehmen. Warum fallen Führungskräfte immer wieder darauf herein? Oft bekommt man in Diskussionen, zum Beispiel in Führungsseminaren, gesagt, dass der Vorgesetzte doch dazu da wäre, Probleme zu lösen. Dem soll gar nicht widersprochen werden. Allerdings ist er es nur dann, wenn es sich um Probleme seines eigenen Aufgabenbereichs handelt! Auch als Führungskraft müssen Sie nicht die Probleme anderer lösen. Und schon gar nicht die Arbeit anderer tun, die dann alle Schwierigkeiten los sind und den ganzen Haufen zeitraubender Unannehmlichkeiten bei Ihnen abgeladen haben. Kein Wunder, dass so viele Führungskräfte ihre Familie vernachlässigen, kaum mehr Freunde haben und ihren Lieblingssport gerade noch im Urlaub ausüben können. Vielmehr ist es Aufgabe von Führungskräften, sich darüber Gedanken zu machen, dass die anstehenden Arbeiten sinnvoll verteilt, die Mitarbeiter intellektuell und arbeitsmäßig ausgelastet sind und die aufgegebenen und/oder vereinbarten Ziele erfolgreich erreicht werden.

Was sollten Sie also tun? Ihr Mitarbeiter bittet Sie, sich für sein Anliegen Zeit zu nehmen:

1. Lassen Sie sich kurz erklären, worum es geht.
2. Prüfen Sie, ob eine Entscheidung von Ihnen verlangt wird bzw. für die weitere Arbeit notwendig ist. Wenn ja, entscheiden Sie bei einfachen, übersichtlichen Sachverhalten sofort, nachdem Sie zuvor Ihren Mitarbeiter um seine Ansicht gebeten haben. Ansonsten bitten Sie Ihren Mitarbeiter, Ihnen die erforderlichen Unterlagen zur Verfügung zu stellen, und vereinbaren Sie einen Termin für die Entscheidung. Entlassen Sie aber auch hier Ihren Mitarbeiter nicht aus seinem Teil der Verantwortung, dem Mitdenken auf seinem Arbeitsgebiet.
3. Halten Sie es nicht für notwendig, eine Entscheidung zu treffen, bitten Sie Ihren Mitarbeiter, zwei bis drei Vorschläge für das weitere Vorgehen auszuarbeiten, und vereinbaren mit ihm einen Termin für eine Besprechung.
4. Notieren Sie sich die Termine und erinnern Sie Ihren Mitarbeiter gegebenenfalls daran.

Wenn Ihr Mitarbeiter das nächste Mal im Flur hinter Ihnen herläuft und sagt: «Entschuldige, aber wir haben da ein Problem, was sollen wir da bloß machen», antworten Sie ihm einfach mal probeweise ganz ruhig: «Wir haben gar kein Problem, du hast ein Problem. Erkläre mir kurz, worum es geht, arbeite mir bis morgen zwei Vorschläge für Lösungen aus, und dann werde ich entscheiden, wie wir dein Problem lösen.» Sie werden sehen, dass dieses Verhalten Wunder wirkt. Ihr Mitarbeiter merkt sofort, dass er bei Ihnen nicht einfach ein Problem abladen kann und aus der Verantwortung genommen wird. Sie halten Ihren Kopf frei und sparen Energie bei der Entscheidung. So behält jeder seinen Kompetenzbereich und Sie behalten vor allem Ihre Zeit.

Überlassen Sie Ihrem Mitarbeiter seine Verantwortung

Ein Redakteur und Moderator eines lokalen Fernsehsenders war für die Aufbereitung der Sportberichterstattung zuständig. In den zurückliegenden drei Jahren hatte der verantwortliche Redaktionsleiter die einkommenden Meldungen immer für den Moderator bearbeitet und sogar die Moderationstexte für ihn geschrieben, damit nur ja nichts schief gehen konnte. Der Moderator hatte sich an diesen «Service» natürlich gewöhnt, denn immerhin hatte er so Zeit, andere Dinge zu erledigen, zum Beispiel die Börsennotierungen seiner Wertpapiere zu kontrollieren. Außerdem musste er sich nicht mehr den Kopf über Inhalte und Texte zerbrechen und Verantwortung tragen. Er konnte sich darauf beschränken, die fertige Meldung einfach nur «nett» zu präsentieren. Nachdem die Position des Redaktionsleiters neu besetzt worden war, fragte der Moderator eines Tages den neuen Redaktionsleiter: «Was machen wir eigentlich über das Reitturnier, das am kommenden Wochenende stattfindet?» Der neue Redaktionsleiter entgegnete ihm freundlich, aber bestimmt: «Das weiß ich auch nicht, Sie sind doch nicht nur Moderator, sondern auch Redakteur, und dies gehört zu Ihren Aufgaben. Seien Sie so gut und machen Sie mir doch mal einen Vorschlag!» Nach kurzer Zeit kam der Redakteur zu seinem Vorgesetzten zurück und sagte: «Ich habe mit dem Veranstalter telefoniert. Ich habe für unsere Kamera einen Platz zugewiesen bekommen, der Volontär ist bereits akkreditiert, und am Wochenende wird er zusammen mit dem Kameramann beim Reitturnier sein, um die wichtigsten Szenen aufzunehmen!»

Der Redaktionsleiter hatte vollkommen richtig reagiert. Er hatte die Leistungsstufe des Mitarbeiters richtig eingeschätzt, der gut ausgebildet war, über viel Arbeitserfahrung verfügte und ausreichend Selbstvertrauen besaß, um zu wissen, dass er das Problem lösen konnte. Er war schlichtweg nicht genügend motiviert gewesen, dies auch tatsächlich zu tun, weil es ihm zu lange abgenommen worden war. Der Vorgesetzte hat nur wenig sekundiert und zum großen Teil delegiert, er hat also für den Mitarbeiter in dieser aktuellen Situation den passenden Führungsstil gefunden und sich nicht die Arbeit aufgehalst, die der andere genauso gut, wenn nicht sogar besser, erledigen kann. Der Vorgesetzte hat also eigene Zeit gespart. Und nebenbei hat er noch einen verschlafenen Mitarbeiter motiviert und die Berichterstattung für das Programm gesichert.

Dieses Vorgehen zeigt Ihnen gleich mehrere Aspekte guten Führungsverhaltens: Der Redaktionsleiter ließ sich keine Arbeit einfach «aufzwingen». Er entband seinen Mitarbeiter nicht davon, für den eigenen Aufgabenbereich Verantwortung zu übernehmen, für den er schließlich bezahlt wird. Er forderte seinen Mitarbeiter und konnte so feststellen, wie er seine Arbeit macht, welche Stärken und Schwächen er hat. Er bekam die Möglichkeit, seinem Mitarbeiter Anerkennung zu geben und ihn somit in seinem Wert für das Redaktionsteam zu bestätigen und teilweise sogar neu zu definieren. Außerdem hat er Anhaltspunkte dafür erhalten, wie sein Mitarbeiter ganz gezielt gefördert werden muss, um seine Arbeit zukünftig selbständig zu erledigen. Der Redakteur wiederum kann sich ernst genommen fühlen und Verantwortung übernehmen und fängt so an, im Sinne der Zielsetzung des Teams mitzudenken und zu handeln.

Führen ist also eine echte Aufgabe, auch wenn sie in Ihrem Arbeitsvertrag gar nicht explizit auftaucht. Sie wissen, dass die Aufgaben des Führungskreislaufes immer wiederkehrend in Ihrem Blick bleiben müssen. Um eine gute Führungskraft zu werden, müssen Sie kein Naturtalent sein. Sie haben eben die verschiedenen Führungsstile gelernt. Sie haben erfahren, dass Sie diese je nach Situation gezielt anwenden können. Sie wissen außerdem, wie Sie Ihre Mitarbeiter einschätzen und welche einfachen Techniken es gibt, damit die Arbeit schließlich von denen getan wird, die dafür in erster Linie zuständig sind.

Das Ganze nochmal – aber kurz

Führen bedeutet, das Verhalten anderer zu beeinflussen, um ein bestimmtes Ziel zu erreichen.

Es gibt keinen optimalen Führungsstil. Es gibt verschiedene Führungsstile, die Sie im passenden Moment beim richtigen Mitarbeiter (oft auch intuitiv) anwenden.

Wenn Sie ohne Ziel führen, ist jeder Weg richtig, den Sie einschlagen. Aber Sie müssen mit Ihrem Team ja bestimmte Leistungen erbringen. Ziele haben AROMA : Sie sind *a*ussagefähig, *r*ealistisch, *o*bjektiv, *m*essbar und *a*nnehmbar.

«Führen» lohnt sich, weil

- Sie mehr Zeit für sich selbst haben,
- Sie mehr Spaß haben bei der Arbeit durch motivierte Kollegen,
- Sie mit mehr Sicherheit arbeiten. Denn ein mitdenkender und verantwortungsbewusster Mitarbeiter, der sich ernst genommen fühlt, wird Ihnen wahrscheinlich nicht in den Rücken fallen.
- Sie verbessern Ihre eigenen Aufstiegschancen, denn wenn Sie dieses Team in den Griff bekommen, dann können Sie auch eine andere (größere, wichtigere etc.) Gruppe führen.

Schaffen Sie die Voraussetzung dafür, dass Sie führen können. Schätzen Sie sich selbst richtig ein. Fragen Sie sich:
- Warum habe ich das Angebot angenommen (Neugierde, Karriere, Machthunger, Interesse …)?
- Was sind meine Stärken in Bezug auf meine jetzige Position (fachlich, menschlich, Kontakte …)?

- Wo habe ich Schwierigkeiten (fachlich, menschlich ...)?
- Was sind meine Mitarbeiter für mich (Mitarbeiter, Befehls-empfänger, Belastung, Hilfe, das Wichtigste ...)?
- Was für ein Arbeitstyp bin ich (fleißig, zügig, verträumt, zielorientiert, phantasievoll, brav ...)?
- Wie organisiere ich (meine) Arbeit (strukturiert, chaotisch, Zufallsprinzip ...)?
- Welche Anforderungen stelle ich an mich selbst und an andere (Arbeitszeit, Output, Engagement ...)?
- Wie rede ich mit anderen (zuhören, abwiegln, auf andere verweisen ...)?
- Wie viel Vertrauen habe ich zu meinen Mitmenschen, Vorgesetzten, Kollegen und Mitarbeitern? (Wem trauen Sie warum und wem nicht ...?)
- Wie weit bin ich bereit, Mitarbeitern die Kompetenz und Verantwortung für Aufgaben zu übergeben?
- An wen gebe ich Aufgaben weiter (warum) und an wen nicht (warum)?
- Wie kontrollorientiert bin ich? Was tue ich bei positiven wie negativen Abweichungen vom erwarteten Ergebnis?
- Wie gehe ich mit eigenen Misserfolgen um?

Der Führungskreislauf: Diese Aufgaben haben Sie immer

Planen:

1. Was ist die konkrete Zielsetzung, was genau ist die Absicht?
2. Welche wesentliche Leistung habe ich (mit meinem Team/mit einer von mir einzusetzenden Arbeitsgruppe) zu erbringen?
3. Welche Rahmenbedingungen habe ich zu beachten (Zeit, Budget, Anzahl der Mitarbeiter, sonstige Auflagen)?
4. Welche Möglichkeiten gibt es, die Arbeit zu erledigen?

5. Welche Vorzüge und Nachteile ergeben sich jeweils daraus?
6. Für welche Möglichkeit entscheide ich mich?

Organisieren (je nach Projekt):
Dabei denken Sie an alles, was vor Beginn der eigentlichen Arbeit geregelt, besorgt, koordiniert werden muss – wie Beschaffung von Arbeitsmaterial, Konferenzraum buchen, Kostenvoranschläge, Anforderungsformulare, Reisekostenregelung.

Führen:
Alles, was mit Führungsaktivitäten gegenüber Ihren Mitarbeitern zu tun hat, zum Beispiel
– Informationsweitergabe,
– Aufgabenverteilung,
– Delegieren,
– Coaching,
– Hierarchien einhalten,
– Team- oder unternehmensinterne Regeln einhalten,
– Lob und Kritik,
– Anlaufstelle auch bei privaten Problemen sein.

Kontrollieren:
1. Allgemein kontrollieren Sie zumindest einmal pro Jahr, inwieweit Sie und Ihr Team die gesteckten Ziele auch tatsächlich erreicht haben.
2. Im Einzelnen wird ungleich mehr kontrolliert.
– Wurde das Budget eingehalten?
– Werden Anweisungen und Abmachungen befolgt?
– Reisekosten-, Überstundenabrechnungen etc.
– Wo gibt es inhaltliche Probleme im Team, etwa bei der Umsetzung oder in Zuständigkeitsfragen?

– Wie ist die Atmosphäre im Team und an welchen Stellen gibt es Reibereien?

Führungsstile

Es gibt vier verschiedene Führungsstile: Dirigieren, Trainieren, Sekundieren und Delegieren. Sie wählen den Führungsstil abhängig davon, wie viel Kompetenz (setzt sich zusammen aus Ausbildung, Berufserfahrung, Talent, Selbstbewusstsein) und Engagement Ihr jeweiliger Mitarbeiter mitbringt.

Dirigieren:
Sie haben es hier mit einem Mitarbeiter mit wenig Kompetenz und hohem Engagement zu tun. Dirigieren bedeutet, ohne Umschweife und deutlich zu sagen, was wann und auf welche Weise wo gemacht wird, also eine eindeutige Arbeitsanweisung mit Vorgaben in alle Richtungen. Wenn die Aufgabe von Ihrem Mitarbeiter erledigt worden ist, müssen Sie kontrollieren, ob jeder Schritt in Ihrem Sinne erledigt worden ist und ob alle Vorgaben eingehalten worden sind.

Delegieren:
Ihr Mitarbeiter hat ein außerordentlich hohes Maß an Kompetenz und Engagement erreicht und kann selbständig arbeiten. Deshalb müssen Sie hier nur noch sehr wenig sekundieren und dirigieren. Jetzt delegieren Sie. Ihr Mitarbeiter entwickelt eine Idee. Er erhält von Ihnen die Genehmigung und übernimmt selbst Planung und Organisation. Selbstverständlich bleiben Sie Ansprechpartner bei Problemen, erteilen Arbeitsauftrag und Genehmigungen und kontrollieren das Ziel. Manöverkritik allerdings üben Sie gemeinsam. Da ist es

von Vorteil, wenn Sie den Mitarbeiter beginnen lassen mit der Einschätzung des Projekts. Sie können auf diese Weise beobachten, wie es um die Selbsteinschätzung und die Eigenwahrnehmung Ihres wertvollen Mitarbeiters steht.

Die beiden, weit auseinander liegenden Führungsstile DIRIGIEREN und DELEGIEREN bilden die Komponenten, aus denen sich wiederum die beiden folgenden, enger beieinander liegenden Stile zusammensetzen.

Trainieren:
Ihr Mitarbeiter ist schon relativ kompetent, aber er ist nicht besonders engagiert. Beim Trainieren als Führungsstil dirigieren Sie in relativ hohem Maß, geben also vor, was wann wie und wo getan wird. Und Sie kontrollieren auch gewissenhaft. Durch Wiederholen erreicht Ihr Mitarbeiter ein höheres Maß an Kompetenz. Wichtig allerdings ist, dass Sie hier auch maßgeblich sekundieren. Sie fordern also nicht nur Aufgabenerfüllung, sondern auch Mitdenken.

Sekundieren:
Ihr Mitarbeiter hat relativ hohe Kompetenz und relativ hohes Engagement. Sie investieren mehr Zeit (Zuhören und Mitdenken). Dieser Mitarbeiter ist für Sie persönlich wertvoller, denn er verschafft Ihnen mehr Freiraum. Sie hören sich die Idee oder das Anliegen Ihres Mitarbeiters an. Sie fordern einen Lösungsvorschlag ein. Sie entscheiden danach gemeinsam über die Vorgehensweise. Während des Vorgangs kann Ihr Mitarbeiter Sie immer um Rat fragen. Nach Abschluss kontrollieren Sie gemeinsam, ob und in welcher Form das gesteckte Ziel erreicht worden ist. Ihr Mitarbeiter erhält dann eine Manöverkritik von Ihnen.

Zeitmanagement

Sie arbeiten zu viel, sitzen zu lange im Büro und vernachlässigen Familie und Freunde. Ihr Problem ist: Sie stecken zu viel Zeit in Dinge, die andere viel besser machen können und auch machen sollten. Sie haben folgende Fehler gemacht:

– Sie haben nicht geprüft, ob die Lösung für das Problem nicht in den ureigensten Aufgabenbereich des anfragenden Mitarbeiters gehört und ob er nicht in der Lage ist, selbst eine Lösung zu finden.

– Sie haben sich das Problem des Mitarbeiters im Sinne einer «Rückdelegation» selbst aufgehalst.

– Sie haben dem Mitarbeiter die Chance genommen, für seine eigene Arbeit gelobt oder bei ihr unterstützt zu werden.

– Sie haben Ihre eigene Zeitplanung durcheinander gebracht und beschäftigen sich aller Wahrscheinlichkeit nach mit Dingen, die nicht zu Ihren wesentlichen Aufgaben gehören. Sie unterstützen damit ein Phänomen, das es in fast jedem Unternehmen gibt und dazu führt, dass viele Führungskräfte nie genug Zeit, deren Mitarbeiter jedoch nie genug Arbeit haben.

Wenn also ein Mitarbeiter zu Ihnen kommt und Ihnen sein eigenes Problem aufdrängen will, damit er es los ist und Sie Ihre Zeit dafür drangeben, sollten Sie unbedingt Folgendes tun:

1. Lassen Sie sich kurz erklären, worum es geht.

2. Prüfen Sie, ob eine Entscheidung von Ihnen verlangt wird bzw. für die weitere Arbeit absolut notwendig ist. Wenn ja: Entscheiden Sie bei einfachen, übersichtlichen Sachverhalten sofort, nachdem Sie zuvor Ihren Mitarbeiter um seine Ansicht

gebeten haben. Sonst bitten Sie Ihren Mitarbeiter, Ihnen die erforderlichen Unterlagen zur Verfügung zu stellen, und vereinbaren einen Termin für die Entscheidung. Entlassen Sie aber auch hierbei Ihren Mitarbeiter nicht aus seinem Teil der Verantwortung, nämlich dem Mitdenken in seinem Arbeitsgebiet.

3. Halten Sie es nicht für notwendig, dass Sie eine Entscheidung treffen, bitten Sie Ihren Mitarbeiter, Ihnen zwei bis drei Vorschläge für das weitere Vorgehen auszuarbeiten, und vereinbaren mit ihm einen Termin für die Besprechung.

4. Notieren Sie sich die Termine und erinnern Sie Ihren Mitarbeiter gegebenenfalls daran!

Probieren Sie es einmal mit folgender Taktik: Wenn ein Mitarbeiter auf Sie zukommt und sagt: «Wir haben da ein Problem», dann erwidern Sie einfach: «Nein, du hast ein Problem! Und jetzt sag, was los ist.»

Transparenz gibt es nur in wenigen Unternehmen. Oft ist nicht klar, wer eigentlich Vorgesetzter ist. Kaum jemand weiß, wie die Aufstiegschancen aussehen. Oder welche Projekte überhaupt gerade laufen. Die linke Hand weiß nicht, was die rechte tut. Das passiert leider in vielen Betrieben. Transparenz ist die Grundlage für verantwortungsbewusstes und erfolgreiches Handeln in Unternehmen, denn sie schafft klare Verhältnisse und beugt jeder Art von Unzufriedenheit vor. Das gilt für alle Ebenen. Da nur wenige Menschen Transparenz am Arbeitsplatz gewohnt sind, brauchen Sie Mut, um sich selbst auf diesen klaren Weg zu begeben. Sie lernen, wie Sie Transparenz einführen, wie Sie sich selbst dazu motivieren und wie Sie Ihre Mitarbeiter dafür begeistern können.

Warum Transparenz nichts Besonderes ist

Transparenz hat etwas mit «Sehen» zu tun. «Durchblick haben», «Einsicht erlangen» und «die Übersicht behalten» sind gar nicht weit davon entfernt. Nur wenn Sie etwas überhaupt sehen und erkennen sowie Sinn und Zweck der Sache für Sie durchsichtig – also transparent – sind, können Sie dieses Etwas begreifen und etwas damit anfangen. In unserem Leben ist Transparenz schon so allgegenwärtig, dass wir sie als Selbstverständlichkeit manchmal gar nicht mehr bewusst wahrnehmen: Wir sind es gewohnt, in den übervollen Auslagen der Geschäfte Waren anzusehen und anzufassen. Wer kann sich heute überhaupt vorstellen, dass es vor nicht einmal 40 Jahren dagegen noch üblich war, dass man einer Verkäuferin seinen Wunsch sagte und diese daraufhin aus verborgenen Schubladen einige Dinge zur Ansicht ans Tageslicht beförderte? An jedem Restaurant ist heute außen die Speisenkarte angebracht, jeder Friseur hängt seine Preisliste in den Eingangsbereich, sodass wir wissen, auf welche Kosten wir uns einlassen. Und schließlich können wir uns in unterschiedlichen Medien, von der Zeitung über das Buch bis zum Fernsehen und dem Internet, umfassend über alles informieren, was uns interessiert. Information ist überlebenswichtig für den, der im Beruf erfolgreich sein will. Und Information ist in vielen Fällen so gut wie kostenlos. Wenn sich Menschen heutzutage nicht ausreichend informiert fühlen, dann sind sie zu Recht enttäuscht und unzufrieden. Die Erfahrungswissenschaften (Soziologie, Psychologie, Pädagogik, Philosophie) haben in den letzten Jahrzehnten über alle Informationskanäle höchst erfolgreich Überzeugungsarbeit dafür geleistet, dass der Mensch nur durch weitgehend selbstbestimmte, autonome Entscheidungen sein Leben wirklich glücklich gestalten kann. Zu diesen so geprägten Menschen gehören nicht nur Sie, sondern auch die Mitarbeiter Ihres Unternehmens und Ihres Teams! Die Konsequenzen, die sich daraus ergeben, müssen Sie einkalkulieren und berücksichtigen, damit Sie zufriedene Mitarbeiter haben.

Was leider häufig schlecht läuft

Wie sieht es in unseren Firmen mit der Transparenz aus? In krassem Gegensatz zum alltäglich Erlebten scheinen viele, selbst auch eher banale Informationen in deutschen Unternehmen wie geheime Kommandosachen behandelt zu werden, die nur die Geschäftsführung und höchstens noch die Führungsebene darunter zu Gesicht bekommen dürfen. Nichts hat eine nachteiligere Auswirkung auf die Motivation der Mitarbeiter, als dass sie große Veränderungen im Betrieb von außen erfahren.

So bekamen die Mitarbeiter eines Pumpenherstellers kürzlich die bevorstehende Kündigung durch die Nachrichten im Rundfunk mit, weil die Ehefrau eines Mannes, der die Kündigung bereits erhalten hatte, in der Redaktion anrief und von den Entlassungen berichtete. Noch nicht einmal der Betriebsrat war vorher darüber informiert worden. Ebenso wurde bei einem schlecht geführten Telefonanlagenhersteller «abgewickelt». Hier allerdings machte sich die Geschäftsführung noch nicht einmal die Mühe, die Mitarbeiter zum Einzelgespräch zu bitten. Die Belegschaft hatte sich komplett in der Betriebshalle einzufinden und wurde daraufhin in Gruppen von jeweils 20 Mitarbeitern zum Abteilungsleiter gerufen, der die Kündigungen kollektiv aussprach. Die Atmosphäre war für die Mitarbeiter so entwürdigend, dass sogar hartgesottenen Fernsehredakteuren, die darüber berichteten, Tränen in den Augen standen. Wenn ein Betrieb so gleichgültig mit seinen Angestellten umgeht, ist es klar, dass das Vertrauen in den Arbeitgeber und das Verbundenheitsgefühl mit dem Betrieb, für den manche der Betroffenen 30 Jahre und mehr gearbeitet hatten, in diesem Augenblick unwiederbringlich zerstört ist. Auch die verbleibenden Mitarbeiter werden ihrer Geschäftsführung nie wieder über den Weg trauen und keiner Aussage «von oben» mehr Glauben schenken.

Warum so etwas passieren muss? Eine allgemein vernünftige oder betriebswirtschaftlich sinnvolle Erklärung für dieses Verhalten gibt es nicht – eine menschliche schon gar nicht. Es zeugt von einer Führungsetage, die angesichts einer vermeintlich ausweglosen Situation die Nerven verliert und sich ihrer Pflicht und Schuldigkeit als sozial verantwortliche Unternehmensleitung nicht mehr bewusst ist. Und es zeugt auch von

Gleichgültigkeit den Mitarbeitern gegenüber, von Desinteresse an den Menschen, die viele Jahre einen großen Teil ihrer Energie und ihres Engagements ihrem Unternehmen zur Verfügung gestellt haben. Wie können also Führungskräfte auf der einen Seite mit Nachdruck von ihren Mitarbeitern fordern, dass sie geschäftstüchtig mitdenken und kompetent, kundenorientiert und engagiert für die Unternehmensziele arbeiten, und auf der anderen Seite mit verdeckten betriebswirtschaftlichen und personalpolitischen Karten spielen? Wie sollen dieses «Mitdenken», diese «kompetente Kundenorientierung» überhaupt entstehen und als permanenter Prozess existent bleiben, wenn nicht durch umfassende Informationen über Zielsetzungen, Hintergründe und Absichten, die im Unternehmen existieren? Schauen wir uns die Ergebnisse aus der schon bekannten Umfrage an: Nur 44,5 % aller Führungskräfte fordern ihre Mitarbeiter regelmäßig dazu auf, sich untereinander auszutauschen und sich zu informieren. Lediglich 47 % der Vorgesetzten geben ihren Mitarbeitern häufig oder immer die notwendigen Informationen vollständig und rechtzeitig weiter. Schließlich gelingt es nur 54 % der Führungskräfte, Aufgaben und Arbeitsaufträge klar und verständlich zu vermitteln. Das ist also der Stand der Dinge bei wichtigen Dimensionen der Transparenz in Unternehmen.

Was aber hindert so viele Führungskräfte daran, Transparenz in ihren Verantwortungsbereichen zu leben? Auf den ersten Blick gibt es für sie tatsächlich mögliche Risiken im großzügigen Umgang mit (wichtigen) Informationen. «Wissen ist Macht» – diese Aussage gewinnt im Informationszeitalter immer mehr an Wichtigkeit. Immerhin geben Sie etwas von Ihrem exklusiven Know-how aus diversen Führungskräftemeetings, Projektleiterbesprechungen oder informellen Gesprächen mit Kollegen ab. Damit setzen Sie sich womöglich der Gefahr aus, dass einer Ihrer Mitarbeiter mit den Informationen, die er von Ihnen erhält, nicht in Ihrem Sinn handelt, also etwa eine neue Idee entwickelt und dies der Geschäftsführung als sein eigenes Werk verkauft. Oder aber er spricht mit Kollegen über strategische Absichten des Unternehmens, bevor die Genehmigung durch Beirat oder Aufsichtsrat erteilt wurde. Dadurch entsteht möglicherweise später der Eindruck, das Unternehmen handele nach der Devise «Rein in die Kartoffeln, raus aus den Kartoffeln!». Diese Beispiele illustrieren die am häufigsten genannten Ängste, die Führungskräfte in Seminaren äußern, wenn es um die Fragen geht, warum nicht offen miteinander gesprochen wird und wie mehr Transparenz für alle geschaffen werden kann.

Vertrauen und Transparenz gehören zusammen

Eine der wichtigsten Voraussetzungen für Transparenz in Unternehmen ist also Vertrauen.

In einem bekannten deutschen Großunternehmen pfiffen schon seit einiger Zeit die Spatzen von den Dächern, dass es wohl zu umfangreichen Veränderungen kommen würde. Ein großer Konzern hatte vor einigen Monaten weit über 80 % der Aktien von den Voreigentümern erworben und realisierte nun seine strategischen Ziele konsequent durch Umstrukturierungen. Eines Tages informierte also der Vorstand dieses Unternehmens seine Direktoren und Hauptabteilungsleiter, dass der größte und ertragreichste Unternehmensbereich ab sofort in eine andere Gesellschaft des Konzerns überführt werden würde. Gleichzeitig verpflichtete er die Führungskräfte zu Stillschweigen hierüber. Dies versuchten die Führungskräfte auch einzuhalten. Allerdings wurden sie wenig später davon überrascht, dass ihr Vorstand dieselbe Information bereits als Pressemeldung in den Verteiler gegeben hatte. So erfuhren die Angestellten dieses traditionsreichen Unternehmens aus den Medien über die teilweise für sie erheblichen Konsequenzen. Die Folge waren Frustration und Wut bei den Angestellten und Ratlosigkeit auf der Seite der Führungskräfte. Die leitenden Mitarbeiter verloren das Vertrauen in ihren Vorstand, und die Angestellten fühlten sich gedemütigt, erst aus der Presse wichtige Informationen für ihr Arbeitsleben erfahren zu haben. Es wäre natürlich Sache des Vorgesetzten, der eigenen Führungskraft, gewesen, die Abteilung zu informieren. Sie können sich vorstellen, mit wie viel Misstrauen und Demotivation diese Menschen weiterhin jeden Tag zur Arbeit gehen. Kaum jemand wird sich mehr sonderlich für diesen Betrieb engagieren, der den Mitarbeitern auf diese Weise in den Rücken gefallen ist. Und im privaten wie auch beruflichen Umfeld wird niemand mehr gut über das Unternehmen sprechen.

Sie als Teamleiter brauchen also gegenseitiges Vertrauen, um zusammen mit Ihren Mitarbeitern eine Gesprächs- und Arbeitsatmosphäre zu schaffen, in der alle notwendigen und hilfreichen Informationen zusammengetragen und verwendet werden können. So sind Sie ganz unmittelbar davon abhängig, dass Sie von Ihren Mitarbeitern über das, was diese gerade tun, selbständig, unaufgefordert und rechtzeitig informiert werden. Sonst müssten Sie wie ein Schießhund jedem Mitarbeiter nachspüren, am besten allen gleichzeitig. Und das würde bei Ihren Mitarbeitern nicht als interessierte Kontrolle, sondern als Überwachung gepaart mit Hilflosigkeit aufgefasst werden und ungefähr jene Wirkung hervorrufen, über die jüngst in den Tageszeitungen berichtet wurde.

Da wollte ein Unternehmen, das in einigen hundert Kaufhäusern und Großmärkten seine Dienstleistungen in eigenen Shops anbietet, doch tatsächlich überall Weitwinkelüberwachungskameras mit Direktübertragung zur Firmenzentrale anbringen lassen, um die Diebstahlrate einzudämmen. Ein Firmensprecher begründete diese Maßnahme sogar mit der Äußerung, dass dies dem Wohle der Mitarbeiter diene, da man ungerechtfertigte Verdachtsmomente gegen sie ausschließen könnte. Doch diese Argumentation griff allzu kurz, denn durch den Platz, an dem die Kameras angebracht werden sollten, war jedem Betroffenen klar, dass vor allem der Arbeitsbereich der eigenen Mitarbeiter überwacht werden sollte. Dieses indirekte Eingeständnis der Unternehmensleitung, man nehme an, dass vor allem die eigenen Mitarbeiter für die Diebstähle verantwortlich seien, rief natürlich berechtigterweise nicht nur die Gewerkschaften auf den Plan, sondern verärgerte auch den letzten Angestellten dieser Firma. Was in einem derartigen Unternehmen von unten nach oben noch an Transparenz und Vertrauen erwartet wird, kann wohl kaum als Fundament für Teamarbeit dienen.

Vertrauen schaffen mit Offenheit

Wie kann vertrauensvolles Miteinander von Menschen in einem Betrieb überhaupt entstehen? Das Modell der Forscher Joseph Luft und Harry Ingham, das so genannte Johari-Fenster, bietet hierfür einen sehr gut nachvollziehbaren Ansatz.

Luft und Ingham gehen in ihrem Modell davon aus, dass sich unser Kommunikationsverhalten wie ein Fenster darstellt, das aus vier Teilelementen besteht. Allerdings sind die Sprossen dieses Fensters nicht bei jedem Menschen an derselben Stelle. Es kann sogar vorkommen, dass sich die Sprossen im Fenster eines Menschen verschieben, je nachdem, ob er an seinem Arbeitsplatz ist, zu Hause bei der Familie oder im Sportverein. Wir alle haben einen Bereich des «freien Handelns», in dem wir offen sind. Das bedeutet, dass wir uns ganz bewusst so verhalten, dass es jeder andere mitbekommt. So ist etwa Menschen Ihrer unmittelbaren Umgebung bekannt, dass Sie glücklich mit Ihrem Partner zusammenleben und zum Beispiel beide gerne gemeinsam Badminton spielen, kochen und den Garten genießen.

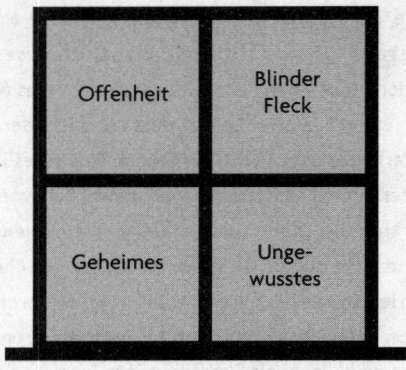

Der zweite Fensterbereich ist das Feld der Geheimnisse. Er schließt alles das ein, was wir sehr wohl wissen, aber in aller Regel anderen Menschen nicht preisgeben.

Der dritte Fensterteil heißt «Blinder Fleck». Hier findet sich alles, das uns nicht über uns selbst bewusst ist, von den Menschen in unserer Umgebung aber sehr wohl wahrgenommen wird. So könnte Ihr «Blinder Fleck» verdecken, dass Sie von anderen als Partymuffel eingeschätzt werden oder als Langweiler in größerer Gesellschaft oder eben auch als witziger und fröhlicher Gast.

Das vierte Fensterfeld ist der Bereich, den weder wir noch andere an uns kennen: das Ungewusste. Das können verborgene Talente oder unbekannte Vorlieben und Abneigungen sein, mithin alle Eigenschaften, die wir uns nur mit Mut und Ausprobieren erschließen können.

Luft und Ingham weisen darauf hin, dass Sie ein möglichst großes Feld der Offenheit haben sollten, damit Ihre Mitmenschen Sie besser einschätzen können und Sie dadurch berechenbarer werden. Auch wenn Sie jetzt denken, dass Sie durch Berechenbarkeit verwundbar werden, haben Sie ins-

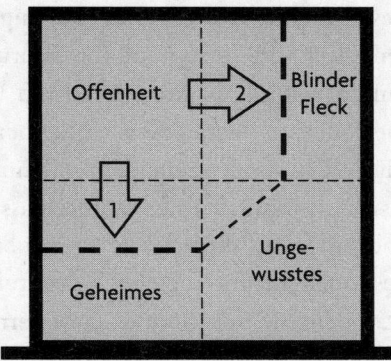

gesamt mehr Vorteile durch dieses Verhalten. Im Gegenzug nämlich werden Sie von Ihren Mitmenschen nach und nach mehr Feedback darüber erhalten, wie Sie mit Ihrer Eigenart und Ihrem Verhalten auf sie wirken. Sie haben also auch die Chance, Ihren «Blinden Fleck» kennen zu lernen.

Für Sie als Führungskraft heißt dies also, ernsthaft zu prüfen, was wirklich in das Geheimnisfeld gehört. Lösen Sie sich einfach von der Vorstellung, Ihre Mitarbeiter hätten kein Interesse daran, möglichst viel von Ihnen zu erfahren! Geben Sie Ihnen alle Informationen, die sie über Sie mit ein wenig Mühe sowieso herausbekommen könnten. Über kurz oder lang können Sie gar nicht verhindern, betriebliche Informationen aus übergeordneten Gründen zurückhalten zu müssen. Öffnen Sie sich deshalb umso mehr auf die Weise, wie Sie dies auch in einem Sportverein tun würden. Hier kommen Sie auch mit Fremden zusammen, von denen Sie ebenfalls nicht auf Anhieb wissen, ob Sie ihnen tatsächlich vollkommen vertrauen können! Im Gegenzug werden sich auch Ihre Mitarbeiter weiter öffnen und Ihnen Rückmeldung darüber geben, welche Wirkung Sie bei ihnen hinterlassen. Und gerade auf diese Rückmeldungen sind Sie angewiesen, um Ihren «Blinden Fleck» in Bezug auf Ihr Führungsverhalten möglichst klein zu halten! Wichtige Eckdaten Ihrer Persönlichkeit sind bekannt, und damit werden Sie berechenbar für Ihre Mitarbeiter. Das ist entscheidend, denn einer Ihrer Grundsätze als Führungskraft muss lauten, dass Sie ein verlässlicher Partner sind. Auf diese Weise fangen Sie schon einmal sehr professionell an, Ihren Bereich des freien Handelns zu vergrößern, indem Sie mit Ihren Mitarbeitern klar vereinbaren,

– warum in Ihrem Team welche Aufgaben zu tun sind,
– wie die Informationsverteilung intern und extern organisiert werden soll,
– wie der Kontakt zu anderen Arbeitsbereichen aussehen muss,
– wie der Arbeitsfortschritt im Sinne eines Qualitätschecks für alle Beteiligten akzeptabel überprüft werden kann,
– welche Sanktionen für das Team bei einer negativen Abweichung von den Zielen besonders wirksam sind, nicht im Sinne von Bestrafung, sondern neuer Motivation,
– wie alle Beteiligten möglichst zufrieden ein Projekt/eine Aufgabe abschließen können und wie die Bewertung durch Geschäftsführung und Auftraggeber aussieht und
– welche Konsequenzen sich nach der Abschlussbesprechung für die Zukunft ableiten lassen.

Wie Sie mit möglichen Risiken umgehen

«Gut», denken Sie, «ich vertraue meinen Leuten, dass Sie unsere Vereinbarungen einhalten. Was mich selbst angeht, weiß ich, dass ich diese ‹Spielregeln› beachten werde. Aber wenn doch einer mal an mir vorbei direkt mit der Geschäftsführung redet, kann ich dann auch meinen Vorgesetzten vertrauen, dass sie mir davon berichten und meinen Mitarbeiter wieder an mich zurückschicken?» Dieses Problem hat zwei Seiten: Einmal sind in vielen Unternehmen die Hierarchien gar nicht so klar zu erkennen. Denn die Bezeichnungen «Hauptabteilungsleiter», «Abteilungsleiter», «Gruppenleiter» ist relativ althergebracht und existiert nur noch in wenigen Firmen. Viele Großunternehmen verwenden heute anstelle dieser Bezeichnungen vornehm nur noch den Begriff «Leiter».

Ein bekanntes Markenartikel-Handelsunternehmen geht sogar noch einen Schritt weiter und sagt über sich allen Ernstes in Imagebroschüren und Mitarbeitermagazinen: «Wir haben die Hierarchien abgeschafft, bei uns gibt es nur noch Verantwortungsbereiche.» (Ohne allerdings ebenso offen zu sagen, dass damit keineswegs gemeint ist, dass jeder Bereichsleiter alles entscheiden dürfte!)

In der Werbebranche zum Beispiel wird auch mit unscharfen Hierarchiekonturen gearbeitet. Da gibt es den Art Director und den Creative Director. Es laufen dort so viele «Direktoren» herum, dass allein durch die Namensgebung nicht mehr klar auszumachen ist, wer hier über wem steht. Denn die Geschäftsführung setzt auf das Team als preiswerte Funktionseinheit. Um dies zu unterstützen, werden die Angestellten mit einfallsreichen Titeln für die Visitenkarten und Mobiltelefonen statt mit einem höheren Gehalt ausgestattet. Sie fühlen sich wichtig genommen, und der Arbeitgeber spart Geld.

Die andere Seite des Problems liegt in der Praxis von Führungspersonen, zum Teil über mehrere Hierarchieebenen hinweg «durchzuregieren».

So weist der Verkaufsleiter einer Supermarktkette die 630-Mark-Aushilfe direkt an, Ware auf eine bestimmte Art im Regal zu platzieren, wofür natürlich eigentlich der Marktleiter zuständig gewesen wäre. Oder der Geschäftsführer eines Versandhauses beantwortet selbst am Sonntagnachmittag die Beschwerdebriefe, die in der Woche eingetroffen sind. Die Auswirkungen dieser Art Führungsverhalten sind allesamt negativ: Der Vorgesetzte vertut Zeit mit Dingen, für die andere Leute bezahlt werden. Er raubt sich selbst die knappe Freizeit, ist überarbeitet und hat das Gefühl, dass er der einzige denkende Mensch im Betrieb sei. Er nimmt seinen Mitarbeitern die Arbeit weg und degradiert unterstellte Führungskräfte zu «Frühstücksdirektoren», die dadurch den eigenen Mitarbeitern gegenüber an Autorität einbüßen.

Solche Führungskräfte vermitteln ihren Mitarbeitern das Gefühl, dass sie ihnen nicht zutrauen, diese Aufgabe selbst kompetent zu bewältigen. Oft versäumt der gestresste Vorgesetzte sogar, seinen jeweiligen Mitarbeiter darüber in Kenntnis zu setzen, was er getan oder veranlasst hat. So erfährt dieser vielleicht gar nicht, dass etwas nicht gut läuft in seinem Bereich. Er kann also an der Situation nichts ändern. Und damit ist ihm letztlich vom Vorgesetzten die Chance genommen worden, selbst im Sinn der «lernenden Organisation» Qualitätsmanagement zu betreiben und aus eigener Initiative heraus das Beste für das Team zu tun. Die unangenehme Folge solchen Verhaltens bei den übergangenen Mitarbeitern ist Verstimmung, später Demotivation und, ganz schlimm, irgendwann Gleichgültigkeit.

Das Überspringen von Hierarchieebenen im Betrieb wird also von unten wie von oben praktiziert, vom einfachen Angestellten wie auch vom Geschäftsführer und im ganzen Mittelbau. Nicht immer lauert dahinter eine Intrige oder böser Wille. Manchmal ist es schlichte Unkenntnis, die den Mitarbeiter zum falschen Ansprechpartner treibt. Und viel zu wenig Führungskräfte schieben diesem Verhalten sofort einen Riegel vor, indem sie den Mitarbeiter umgehend zum direkt zuständigen Ansprechpartner weiterschicken. Die Gründe dafür sind so unschön wie vielfältig. In jedem Unternehmen gibt es Führungskräfte, die sich für unentbehrlich halten. Die meisten Menschen fühlen sich nun einmal in ihrem Tun und in ihrer Position bestätigt, wenn sie um Rat gefragt oder ganz einfach Kenntnis von Dingen haben. Denn erstens ist Information als solche immer etwas wert, auch wenn sie gar nicht auf diese Ebene oder in den eigenen Zuständigkeitsbereich gehört. Zweitens vermittelt allein das Angesprochenwerden der Führungskraft den Eindruck, wichtig zu sein. Vielleicht hat dieser Vorgesetzte aber auch insgeheim Angst davor, dass Sie ihm gefährlich werden könnten. Er wird dann möglicherweise versuchen, Sie bei passender Gelegenheit bei der Geschäftsleitung in ein schlechtes Licht zu rücken. Für Sie bedeutet so ein Fall vor allem eines: noch mehr Transparenz! Fragen Sie nach, finden Sie heraus, aus welchem Grund Ihr Mitarbeiter die Ebene übersprungen hat und warum Ihr Vorgesetzter dabei mitgespielt hat. Und dann liegt es an Ihnen, die Sache mit beiden nacheinander zu klären und dafür zu sorgen, dass so etwas nicht noch einmal passiert.

Natürlich birgt Transparenz auch noch weitere Risiken. So nutzt zum Beispiel ein Mitarbeiter Insiderinformationen, um diese an Mitarbeiter aus anderen Abteilungen weiterzutragen. Im schlimmsten Fall landet wichtige Information beim Konkurrenzbetrieb. Außerdem kann zu viel Transparenz auch Unruhe in Ihr Team bringen. Wenn zum Beispiel die Verkaufszahlen in den Keller gehen, können Ihre Mitarbeiter nervös werden und sich gegenseitig verrückt machen. Das kostet Zeit und Energie, die Sie und Ihr Team eigentlich bräuchten, um wieder aufzuholen. Sie beugen dieser Gefahr vor, indem Sie Ihren Mitarbeitern zusammen mit der Nachricht über zurückgegangene Verkaufszahlen gleich eine Analyse mitliefern, was da schief gelaufen ist, und einen Lösungsvorschlag präsentieren. So bleiben Sie auch in diesem Fall transparent und können gleichzeitig motivieren. Selbstverständlich können Sie nicht immer und um jeden Preis jede Information weitergeben. Denn es kann nicht in Ihrem Interesse liegen, beispielsweise Ihrer Geschäftsleitung in den Rücken zu fallen, wenn es um Kursänderungen geht, die das Unternehmen betreffen, oder wenn Personalentscheidungen anstehen, die noch nicht geklärt sind.

Wie Sie Transparenz fördern

Transparenz ist anfangs auch unbequem. Besonders für Sie als Führungskraft. Es ist simpel, lediglich eine Anweisung zu geben und deren Ausführung sofort zu kontrollieren. Im Gegensatz hierzu kostet es Sie viel mehr Zeit und Mühe, Ihrem Mitarbeiter zu erklären, warum er gerade jetzt dieses und jenes tun soll. Drücken Sie einmal dem Auszubildenden einen Brief in die Hand und sagen Sie ihm, er solle ihn in die Abteilung zur Entwicklung neuartiger Handtuchhalter aus Plastik bringen. Der Azubi geht vielleicht erst einmal in die Teeküche, raucht eine Zigarette und unterhält den neuen Praktikanten. Drücken Sie dem Auszubildenden zusätzlich zum Brief noch 5 Mark in die Hand, geht er auch zum Rauchen in die Teeküche, aber er denkt womöglich mit dem

Praktikanten darüber nach, was Sie wohl zu verbergen haben und was im Brief stehen könnte. Geben Sie dem Auszubildenden aber nur den Umschlag und sagen ihm: «Hier geht es um eine außerordentlich wichtige Unterlage, die Kollege X braucht, um gleich in der Verhandlung mit dem Kunststoffgranulatlieferanten keinen Fehler zu machen», dann stehen die Chancen, dass er losläuft, um noch pünktlich zu kommen, sehr viel besser.

Trotz aller Unbequemlichkeit: Transparenz hat viel mehr überzeugende Argumente für Sie als Teamchef. Sie haben es unter dem Strich viel einfacher im Tagesgeschäft, bei speziellen Projekten, Aufgaben und sonstigen Vorhaben. Denken Sie an Ihr privates Umfeld: Packen Sie ein mittelmäßig einfallsreiches Geburtstagsgeschenk in durchsichtige Folie ein, sodass der Beschenkte sofort erkennen kann, was er bekommt. Vielleicht ist sogar der Titel noch zu erkennen. Die Tatsache, dass Ihnen gerade mal eine CD als Geschenk einfiel, ist offenkundig. Sie verschenken kein X für ein U. Denn das Geschenk wirkt ansprechend. Sie haben sich die Mühe gemacht, es in transparentes Geschenkpapier zu wickeln, und täuschen damit nicht vor, etwas Aufregenderes zu übergeben, als Sie tatsächlich ausgesucht haben. Im Klartext heißt das, Sie sagen Ihren Mitarbeitern, was los ist, aber Sie machen sich die Mühe, diese Information so zu präsentieren, dass Ihr Team überhaupt die Chance hat, daran positives Interesse zu entwickeln.

Informationsmanagement

Wenn Sie Ihren Mitarbeitern ein neues Projektziel einfach so vor die Nase halten und nur noch die Aufgabenverteilung für die Produktentwicklung plus Zeitplan usw. bekannt geben, ist Ihre Absicht nur insofern für Ihre Mitarbeiter nachvollziehbar, als eben jeder weiß, bis wann er was zu erledigen hat. Transparente Führung beantwortet Ihren Teammitgliedern im Gegensatz hierzu vielmehr die Frage nach dem «Warum». Aus welchem Grund müssen wir eine neue Produktpalette entwickeln? Warum muss noch mehr verkauft werden? Wieso bekommt die Abteilung neue Aufgaben? Bei der Bundeswehr beispielsweise beginnt aus gutem Grund jeder Auftrag, unabhängig davon, ob für den Einsatz einer Division, eines Jagdbombergeschwaders, eines Schnellbootes oder eines Fallschirmjägerzuges, mit den wichtigsten übergeordneten Informationen. Zum Beispiel zur geographischen Lage der Aktion, über die Stärke und bekannte bzw. vermutliche Absicht des Gegners, die eigene Truppe und deren Nachbarn sowie die Absicht des Befehlenden. Erst danach geht es um die Details des Auftrags. Nur so kann jeder verstehen, um was es überhaupt geht, kann sich selbst und seine Aufgabe einordnen und alles dafür tun, dass das Ziel erreicht wird. Weil nun auch gerade Sie als Führungskraft in einem Wirtschaftsunternehmen unbedingt mitdenkende Teammitglieder brauchen, die aus Einsicht handeln, und keine Marionetten, die einfach nur das tun, was ihnen gesagt wird, kommen Sie um das Beantworten der Frage «Warum?» nicht herum. So wie auch Sie selbst wahrscheinlich nur mäßig engagiert Ihre Arbeitszeit mit mehr oder minder anstrengenden Dingen verbringen werden, wenn Sie den Sinn Ihres Tuns nicht vermittelt bekommen haben, ergeht es auch Ihren Mitarbeitern. Transparenz als

Prozess fängt also eindeutig bei Ihnen selbst an: Im Englischen gibt es den einprägsamen Begriff «question authority». Damit ist gemeint, sich nicht mit oberflächlichen Informationen zufrieden zu geben. Die «Macht der (Nach-)Frage» offenbart Ihnen den tieferen Sinn für Entscheidungen, die Ihre eigene Arbeit betreffen. Also fragen Sie Ihren Vorgesetzten nach den Absichten des Unternehmens, um Ihren eigenen Anteil am Gelingen herausfiltern und die daraus abzuleitenden Ziele erkennen zu können. Bevor Sie dann an Ihre Mitarbeiter herantreten, überlegen Sie sich, wie Sie diese Zielsetzungen auf deren Handlungsebene «herunterbrechen» können. Denn einem Mitarbeiter des Finanz- und Rechnungswesens wird das Unternehmensziel «Wir wollen die Ressourcen des globalen Wettbewerbs nutzen und richten unsere Aktivitäten darauf hin konsequent aus» nicht automatisch nahe bringen, was sich hieraus für ihn konkret ergibt. Das bedeutet nun aber nicht, dass Sie jedem Mitarbeiter alles bis ins letzte Detail auseinander pflücken müssen. Es gibt verschiedene Bereiche für Sie als Teamführer, in denen Sie in ganz unterschiedlichem Maß transparent, also durchsichtig, für Ihre Mitarbeiter handeln, nämlich

- die Ziele Ihrer Firma (oder der, für die Sie arbeiten),
- Ziele und Aufgaben, die sich daraus für Ihr Team ergeben,
- das eigentliche Produkt selbst,
- die Entwicklung neuer Ideen,
- Ihre Personalpolitik,
- Probleme innerhalb des Teams und
- Ihre persönlichen Ziele.

Fangen wir mit dem letzten Punkt an: Ihre persönlichen Ziele (zum Beispiel, wie Sie sich Ihre eigene berufliche Entwicklung vorstellen usw.) gehen keinen Ihrer Mitarbeiter etwas an.

Wir gehen sogar noch einen Schritt weiter und behaupten, für Ihre Mitarbeiter sollten Sie solche Ziele gar nicht haben. Denn Sie sind deren verlässlicher Partner in der Position, die Sie jetzt innehaben. Sie sind erste Anlaufstelle für berufliche wie auch schwer wiegende private Probleme. Welcher Mitarbeiter stellt sich gern auf einen Chef ein, der ja eh spätestens in einem Jahr wieder weg ist, weil er weiter das Hierarchietreppchen hochsteigen will? Warum sollte Ihr Mitarbeiter mittel- oder langfristige Ideen für Ihr Team entwickeln, wenn sein wichtigster, unmittelbarer Ansprechpartner und Entscheider nur auf der Durchreise ist? Ihnen wird es unter dieser Voraussetzung nicht gelingen, überhaupt ein gegenseitiges Vertrauensverhältnis aufzubauen. Schnell ist der Vorwurf da, Sie seien eigentlich gar nicht wirklich am Team und an einer engen Zusammenarbeit interessiert, sondern hätten nur das eigene Vorankommen im Auge und Sie bräuchten Ihre Mitarbeiter nur als Sprossen auf der eigenen Karriereleiter. Für den Fall, dass auch ohne Ihr Zutun in dieser Art geredet wird, können Sie dann solche Gerüchte mit einem offenen Gespräch oder einer passenden Bemerkung aus der Welt schaffen.

Wenn es um die Ziele Ihrer Firma geht, sollten Sie sich möglichst zügig mit Ihrem Vorgesetzten abstimmen, welche Informationen nicht an die Mitarbeiter weitergegeben werden sollen.

So hat zum Beispiel der Geschäftsführer einer Softwarefirma Angestellte, die er für höhere Aufgaben ausersehen hatte, auf ganz besonders unangenehme Art getestet. Er gab gezielt Informationen an diese Angestellten weiter mit dem Verweis darauf, dass alles strikt vertraulich zu behandeln wäre. Daraufhin hatte sich der Geschäftsführer zurückgelehnt und einfach nur noch abgewartet, ob, wann und an welcher Stelle diese Informationen wieder auftauchten. Wenn dies tatsächlich passierte, hatte der betreffende Angestellte alle Chancen auf ein berufliches Vorankommen in dieser Firma verspielt. Diese Methode, Ihre Integrität dem Unternehmen gegenüber zu testen, ist zwar alles andere als geschmackvoll, wird aber durchaus häufig von einigen Führungskräften genutzt.

Vorsicht ist die Mutter der Porzellankiste und Mundhalten manchmal auch. Fragen Sie also Ihren Vorgesetzten, warum Sie bestimmte Informationen an die eigenen Mitarbeiter nicht weitergeben dürfen. Damit können Sie wahrscheinlich in den weitaus meisten Fällen gut leben. Es sei denn, Sie stellen fest, dass mangelnde Transparenz beabsichtigte Politik im Unternehmen ist und zum Grundsatz erhoben wird. Dass also das hierarchische System nur mit verdeckter und selektiver Informationsstreuung funktioniert. Wenn Sie in einer Position beschäftigt sind, in der Sie daran ganz offensichtlich nichts ändern können, müssen Sie sich in einem solchen Fall entscheiden, ob Sie diesem Unternehmen Ihre Zeit und Nerven zur Verfügung stellen möchten. In einem Konstrukt aus Seilschaften arbeiten zu müssen heißt für Sie, dass Sie sich immer wieder auf sehr dünnem Eis bewegen, denn wenn Ihr Informant das Unternehmen verlässt, sitzen Sie auf dem Trockenen. Und weiter vertun Sie ungeheuer viel Energie beim Spielchen «Wer mit wem?».

Ein Wort zu Ihrer Personalpolitik. Zunächst einmal werden Sie schnell merken, dass Ihnen die Mitarbeiter Ihres neuen Teams auf Anhieb mehr oder weniger sympathisch sind. Das Vertrackte an dieser Tatsache ist das Phänomen, das in der Wissenschaft als «Halo-Effekt» bekannt ist: Bei einem Mitarbeiter, der Ihnen auf Anhieb sympathisch ist, weil Sie ihn vielleicht attraktiv und mit freundlicher Ausstrahlung erleben, werden Sie in allen weiteren Situationen unbewusst Bestätigungen für Ihre Sympathie wahrnehmen und «sammeln». Eigenschaften oder Verhaltensweisen, die Sie bei nüchterner Betrachtung nicht akzeptabel fänden, werden Sie bei diesem Menschen eher beiläufig registrieren und auf irgendeine Art entschuldigen und zu erklären versuchen. Dieses gilt natürlich auch für den umgekehrten Fall. Nehmen wir an, Sie sitzen in einem Bus auf dem Weg zu Ihrem Arbeitsplatz. Bei der nächsten Haltestelle steigt ein Mann ein und setzt sich Ihnen gegenüber auf einen freien Platz. Sie sehen ihn an und stellen fest, dass er Ihrer Meinung nach zwar ganz nett angezogen ist, aber dennoch unmöglich aussieht, weil er strähnige, lange Haare mit «Nackenspoiler» hat und einen Ohrring trägt. Kurze Zeit später nehmen Sie Schweißgeruch wahr und ordnen diesen automatisch Ihrem Gegenüber zu. Außerdem sehen Sie, dass der Mann in einem «Groschenroman» liest. Als zwei Haltestellen später eine ältere, gehbehinderte Dame zusteigt und mühsam neben Ihren Plätzen stehen bleibt, denken Sie sehr schnell: «Typisch, dieser Möchtegern-Latin-Lover hat überhaupt kein Benehmen!»

Wahrscheinlich werden Sie von Ihren Mitarbeitern auch bald gefragt werden, welche Möglichkeiten es gibt, sich fortzubilden oder im Unternehmen voranzukommen. Um es gleich vorweg zu sagen: Wenn Sie hier nicht auf die «Sympathie-/Antipathiefalle» achten, dann werden Sie sich selbst mehrere Probleme gleichzeitig bereiten.

– Der Ihnen Sympathische muss nicht auch der kompetente und engagierte Mitarbeiter sein, der genügend Potential für eine Beförderung mitbringt.

– Umgekehrt muss der Ihnen unsympathische Mitarbeiter nicht inkompetent, faul und ohne Potential sein und vielleicht gerade deswegen besonders gefördert werden.

Machen Sie sich vor solchen Gesprächen kundig über die generellen Möglichkeiten zur Weiterbildung in Ihrer Firma und darüber, wer die Kosten dafür zu tragen hat. Klären Sie, zum Beispiel mit einem Verantwortlichen der Personalabteilung, wie ein Fortkommen im Unternehmen überhaupt stattfinden kann. Machen Sie sich weiterhin erst einmal ein wirklich umfassendes Bild über das Leistungsvermögen und Engagement Ihrer Mitarbeiter, bevor Sie mit Einzelnen über Weiterbildung oder Karrierepläne sprechen. Wenn Sie hierauf also angesprochen werden, dann fragen Sie Ihren Mitarbeiter, wie er sich seine Entwicklung vorstellt. Sagen Sie ihm aber auch deutlich, dass Sie sich zunächst einen genaueren Überblick verschaffen möchten und sich noch nicht in der Lage dazu sehen, qualifizierte Aussagen zu machen. In so einem Fall kann kein Mitarbeiter mit einer unmittelbaren Antwort rechnen. Außerdem sollten Sie sich über diese Fragen auch mit Ihrem Vorgesetzten besprechen. Denn wirklich kaum etwas ist peinlicher, als Zusagen dieser Art hinterher zurücknehmen zu müssen, weil Ihr Vorgesetzter das Budget für Weiterbildung nicht freigibt oder den betreffenden Mitarbeiter ganz anders einschätzt als Sie und der «Karriereplan» deswegen zunächst einmal geparkt werden muss. Vereinbaren Sie stattdessen ein separates Gespräch mit diesem Mitarbeiter nach frühestens einem halben Jahr. Generell sollten Sie sich aber schon darüber klar sein, wie Sie sich die Förderung Ihrer Mitarbeiter vorstellen. Es gibt ja zum Beispiel wirklich gute Gründe, die für bzw. auch gegen den Besuch von Trainingsseminaren oder die Durchführung von «job rotation» sprechen. Auf jeden Fall sollten Sie die Grundsätze Ihrer Personalpolitik Ihren Mitarbeitern aufzeigen und begründen. Damit schaffen Sie nicht nur Transparenz, was Ihre Wertvorstellungen angeht. Sie machen sich auch einschätzbarer und erreichen mehr Vertrauen – wenn Sie die selbst definierten Grundsätze später auch einhalten!

Stellvertreter sind überlebenswichtig!

Ein Aspekt sollte Ihnen jedoch besonders wichtig sein: Wer kann das Team lenken, wenn Sie im Urlaub oder krank sind? In vielen Unternehmen ist es leider auch heute noch unüblich, in den unteren Hierarchiestufen feste Stellvertreter zu benennen. In solchen Firmen muss dann meistens ein «benachbarter» Gruppen- oder Abteilungsleiter Ihr Team zusätzlich führen. Auch Sie werden wahrscheinlich irgendwann einmal in diese Situation kommen. Diese offizielle Vertretung hat in den meisten Fällen nur die Aufgabe, Unterschriften zu leisten. Doch die laufende Arbeit muss ja weiter gemanagt werden. Deshalb raten wir Ihnen, wenigstens einen informellen Stellvertreter aus dem Kreis Ihrer Mitarbeiter zu qualifizieren. Einen Mitarbeiter, der die Kompetenz hat, die wesentlichen Aufgabenfelder Ihres Teams zu überblicken. Außerdem muss er in einem Maße Engagement sowie Loyalität Ihnen gegenüber mitbringen, dass die Arbeit während Ihrer Abwesenheit in Ihrem Sinne weitergeführt wird und Sie später über alles, was passiert ist, informiert werden. Natürlich spielt bei dieser Auswahl die Sympathie auch eine Rolle, seien Sie aber aus den oben aufgeführten Gründen dabei besonders aufmerksam. Schließlich bestimmen Sie diesen Mitarbeiter nicht einfach, sondern Sie sprechen sich erst mit Ihrem Vorgesetzten ab. Danach fragen Sie den Mitarbeiter, ob er überhaupt Interesse an dieser Aufgabe hat. Wenn Sie sein Einverständnis haben, machen Sie ihm auch deutlich, dass Sie auf seine Loyalität zählen und dass er während der Vertretungszeit spürbar Mehrarbeit leisten muss. Erst wenn dieser Mitarbeiter aus freien Stücken zusagt, sollten Sie ihn an die neue Aufgabe heranführen. Das bedeutet für Sie, ihm gegenüber noch mehr Transparenz an den Tag zu legen.

Transparenz als Projektaufgabe

Viel wichtiger ist es im Arbeitsalltag allerdings, dass Sie Ihren Mitarbeitern das «Produkt», an dem sie alle zusammen arbeiten, sowie die Strategie, die dieser Arbeit zugrunde liegt, erklären. Wobei «Produkt» natürlich das eigentliche Arbeitsfeld Ihres Teams beschreibt. Das kann die Schadensbearbeitung in einer Versicherungsgesellschaft ebenso sein wie das Entwickeln und die Umsetzung einer Weiterbildungsstrategie oder der Einkauf von Blumentöpfen für ein Gartenbaucenter. Die beste Möglichkeit für Produkttransparenz ist natürlich eine Teambesprechung. Derartige Besprechungen sollten Sie vor Beginn jeder neuen Aufgabe mit allen an der Arbeit beteiligten Mitarbeitern abhalten. Machen Sie sich ein solches «kick off» oder «Auftragsbriefing» zur Regel! Am Besprechungstisch erörtern Sie gemeinsam die Ausgangslage, also den Ist-Zustand, die konkrete Aufgabenstellung und natürlich alle Lösungsmöglichkeiten. Sie erklären Ihrem ganzen Team, wie sich der weitere Arbeitsweg im Hinblick auf die Zielsetzung des Gesamtunternehmens darstellen muss. Dann stellen Sie sich den Fragen und möglicher Kritik und diskutieren mit Ihren Mitarbeitern, um das Vorgehen zu vereinbaren, das möglichst allen Erfordernissen und Anliegen gerecht wird. Protokollieren Sie dabei in Stichworten die Äußerungen Ihrer Mitarbeiter. Nutzen Sie dafür am besten Flipchart oder Tageslichtprojektor. Sie wollen Ihren Mitarbeitern nicht nur das Gefühl geben, dass diese wissen, was geschieht. Sie wollen ihnen vielmehr die Gewissheit geben. Dafür drucken Sie am besten vorab Fakten wie Verkaufszahlen, Wettbewerbsvergleiche, Umsatzergebnisse und dergleichen mehr aus. Sie kopieren diese Informationen, sodass jeder Mitarbeiter nach der Konferenz in aller Ruhe einen Blick darauf werfen kann.

Ein Unternehmen der Unterhaltungselektronik schafft sogar auf besonders großflächige Weise Transparenz über seinen Status quo: Die wichtigsten betriebswirtschaftlichen Zahlen werden dort auf großflächigen Bildschirmen in der Kantine präsentiert.

So schick muss es gar nicht sein, denn einfache DIN-A4-Zettel am schwarzen Brett tun es auch. Dennoch muss Ihnen klar sein: Mit einer Konferenz schaffen Sie gerade einmal eine relativ grobe Informationsbasis. Sie haben bei dieser Veranstaltung zusammen erarbeitet, wohin der Zug Ihres Teams fährt. Vielleicht haben Sie es sogar geschafft, das Teamgefühl zu stärken. Nach der Besprechung allerdings stehen möglicherweise Ihre Mitarbeiter zusammen, und A fragt B: «Hast du eigentlich verstanden, warum wir die Aufgabe unbedingt so und nicht anders erfüllen sollen?» Worauf B antwortet: «Na ja, so ungefähr. Aber ich kapiere überhaupt nicht, warum wir jetzt flexible Arbeitszeiten haben. Und ich wette mit dir, dass es nur eine Frage der Zeit ist, bis C und D kündigen.» Deswegen bedarf das Meeting, der große Überblick, der ebenso sorgfältigen Nachbereitung.

Jetzt geht es darum, mit jedem einzelnen Mitarbeiter die Ergebnisse durchzugehen. Vor und nach den großen Gruppenbesprechungen sollten Einzelgespräche stattfinden. Und hier reden Sie mit jedem Mitarbeiter auf unterschiedliche Art und

Weise. Jeder Ihrer Mitarbeiter steht auf einem anderen Wissens- und Motivationsniveau. Deswegen braucht auch jeder eine andere Ansprache. Ein guter Teamführer erwartet nicht, dass sich sein Mitarbeiter im Gespräch gefälligst nach ihm richtet. Er stellt sich vielmehr selbst auf sein Gegenüber ein. Und dabei schätzt er vor dem Gespräch zwei Qualitäten seines Mitarbeiters immer neu ein: Kompetenz und Engagement. Kompetenz setzt sich aus Kenntnis und Können zusammen – zwei Eigenschaften, die durch berufliche Ausbildung und Erfahrung sowie Talent bedingt sind. Kompetenz ist bei einem Mitarbeiter, der schon länger im Unternehmen ist, auf jeden Fall deutlich an dessen Erfolg oder Misserfolg abzulesen. Im Engagement wiederum verbinden sich Selbstvertrauen und Motivation. Der Mitarbeiter, der immer gerne möchte, sich aber nicht so recht traut, ist eben unter Umständen sehr motiviert und hat eine Menge Engagement, aber er bringt nur mäßig viel Kompetenz auf. Dasselbe gilt für den, der sich bei der Verteilung der Aufgaben zwar immer gern meldet, dann aber ebenso schnell sagt, er sei überfordert.

So meldete sich zum Beispiel ein Jungredakteur bei einer Zeitschrift besonders schnell, um die Weihnachtsaktion des Magazins zu entwickeln und durchzuführen. Da dieser Mitarbeiter ganz besonders engagiert wirkte, verließ sich der Ressortleiter darauf, dass alles gut laufen würde. Tatsächlich entwickelte der Redakteur eine gute Idee. Doch in der Durchführung brach alles zusammen. Der unerfahrene Mitarbeiter hatte nicht im mindesten abschätzen können, welche Schwierigkeiten auf ihn bei der Organisation zukamen, wie zum Beispiel Informationsweitergabe, Spendenabwicklung, Leserbriefe-Beantwortung etc. Die Weihnachtsaktion wirkte zwar nach außen hin gut; aber der Arbeitsaufwand, den der Redakteur durch unstrukturiertes Denken und Handeln geschaffen hatte, fiel aus dem Rahmen. Es mussten zusätzlich mehrere freie Mitarbeiter engagiert werden, um die

Arbeitsfülle zu bewältigen. Das Budget der Redaktionsleitung wurde so strapaziert, dass später an anderer Stelle Einsparungen vorgenommen werden mussten.

Der andere Mitarbeiter, der zwar immer die besten Geschäfte abwickelt, die besten Quoten einfährt oder die genialen Ideen hat, ist ganz sicher kompetent, aber beim Engagement lässt er eventuell zu wünschen übrig.

So war beispielsweise der Mitarbeiter eines Trainingsinstituts ein ganz hervorragend ausgebildeter Seminarleiter mit jeder wünschenswerten Qualifikation. Die Rückmeldung der Kunden nach jedem Training war immer einwandfrei. Und trotzdem fiel der Mitarbeiter in seinem Institut immer wieder negativ auf, weil niemand eine größere Anzahl von Krankheitstagen zustande brachte. Letzten Endes kostete er seine Firma trotz guter Arbeit zu viel Geld, da wegen der häufigen Krankheiten immer wieder Ersatztrainer engagiert werden mussten.

Und so ergibt sich Ihr Gesprächsziel bei jedem einzelnen Mitarbeiter aus den zuvor ausgeführten Faktoren. Habe ich es mit einem kompetenten und engagierten Mitarbeiter zu tun oder habe ich einen Anfänger vor mir, der gerne möchte, aber noch nicht so richtig kann? Sitzt mir ein «alter Hase» gegenüber, der ganz ausgezeichnete Arbeit leisten kann, aber eigentlich gar nicht mehr will? Gerade bei diesen Einzelgesprächen ist Ihre Fähigkeit in der Anwendung der vier verschiedenen Führungsstile, wie im vorherigen Kapitel beschrieben, gefragt.

Schließlich sollten Sie auch ein Meeting durchführen, wenn der Auftrag abgeschlossen ist. Bei diesem Meeting, auch «De-Briefing» genannt, sollten Sie mit allen an der Arbeit Beteiligten eine ausführliche «Manöverkritik» halten. Hierfür eignet sich vorzüglich eine Standardtagesordnung, die folgendermaßen aussieht:

1. Was war das Ziel des Auftrags?
2. Was war der Weg, das Ziel zu erreichen?
3. Inwieweit wurde dieser Weg eingehalten?
4. Warum wurde gegebenenfalls von diesem Weg abgewichen?
5. Was lief bei der Arbeit gut?
6. Was lief bei der Arbeit nicht gut?
7. Welche Probleme gab es im Team?
8. Welche Folgerungen ergeben sich daraus für zukünftige Aufträge?

Machen Sie es sich zur Regel, in Ihrem Team sämtliche Aufgaben, Projekte oder Aufträge in der beschriebenen Art vor- und nachzubereiten. Mit dem Briefing sorgen Sie dafür, dass alle Beteiligten zu Beginn einer Arbeit denselben Informationsstand haben. Niemand kann mehr ernsthaft behaupten, er wäre nur unzureichend über wichtige Aspekte seiner Arbeit informiert worden. Solchen Ausreden können Sie sofort einen Riegel vorschieben. Außerdem haben alle Mitarbeiter Gelegenheit, ihre Erfahrungen und ihr Wissen einzubringen, um gemeinsam die beste Art der Umsetzung herauszufinden und festzulegen. Es ist eine Tatsache, dass Menschen engagierter mitarbeiten, wenn sie an Entscheidungen, die sie betreffen, mitwirken können. Weiterhin lernen Sie sich immer besser untereinander kennen und stärken damit das «Wir-Gefühl» Ihres Teams. Genauso wichtig ist allerdings das De-Briefing nach Erledigung der jeweiligen Aufgabe. Sie geben Ihrem Team Gelegenheit, systematisch eine eigene Feedback-Kultur zu entwickeln. Keine für den Auftrag relevanten Aspekte werden hinter vorgehaltener Hand nur mit einigen ausgewählten Mitarbeitern besprochen. Die gemeinsame Arbeit kommt konsequent auf den Prüfstand. Jeder darf kritisieren – und kritisiert werden, auch Sie! Sie als Teamchef müssen im Wesentlichen dafür sorgen, dass eine angstfreie Atmosphäre entsteht und persönliche Angriffe sofort unterbunden werden. Versuchen Sie, bei diesen Meetings Ihren eigenen Redeanteil möglichst gering zu halten. Ermuntern Sie vielmehr Ihre Mitarbeiter, die «Hauptrolle» zu spielen. Wenn Sie merken, dass diese Besprechungen «laufen», dann können Sie auch dazu übergehen, den Vorsitz rotieren zu lassen, sodass jeder Mitarbeiter mit der Meetingleitung an die Reihe kommt. Dieses Rotationsprinzip funktioniert allerdings nur, wenn Sie wirklich jedem im Team diese Aufgabe übertragen können.

Motivieren Sie mit Transparenz

Im letzten Kapitel haben Sie erfahren, dass es vier verschiedene Führungsstile gibt. Unter Führung verstehen wir die Art, wie Sie Ihre Mitarbeiter beeinflussen, um ein bestimmtes Ziel zu erreichen. Ihr Ziel kann sein, die Verkaufszahlen zu steigern, aus Ihren Teammitgliedern mehr Kreativität herauszuholen oder was auch immer. Sie können Ihre Mitarbeiter sekundieren, sie trainieren, ihnen etwas delegieren und sie dirigieren. Das sind die vier Führungsstile, die Ihnen zur Verfügung stehen. Sie haben gelernt, dass Sie diese vier unterschiedlichen Stile beherrschen und auch alle anwenden müssen, um Ihre Mitarbeiter optimal zu führen. Keiner ist der einzig richtige Führungsstil. Ausschlaggebend ist, welcher Mitarbeiter Ihnen gegenübersitzt. Ob er engagiert oder kompetent ist oder beides oder keines von beidem. Tatsachen wie Verkaufszahlen und Einbußen oder Gewinne sollten Sie je-

dem Mitarbeiter auf den Tisch legen. Sie sind ganz einfach Grundlage des Gesprächs. Frage ist jetzt:
– Was will ich von meinem Mitarbeiter?
– Wie verkaufe ich dies meinem Mitarbeiter?

Ihr Mitarbeiter muss wirklich begreifen, wie es gerade um Ihr «Produkt» steht. Die Zahlen hat er schon bei der Konferenz schwarz auf weiß gesehen. Was es für ihn, für das Team, für das Unternehmen und die weitere Entwicklung bedeutet, haben Sie allen Teammitgliedern in groben Zügen klargemacht. Nun müssen Sie aber ins Detail gehen. Denn Sie wollen weiterhin, dass Ihr Mitarbeiter Ihre Vorstellungen auch umsetzt. Und zwar nicht als Einzelkämpfer, sondern als Mitglied Ihres Teams. Diese Feinarbeit erfordert Fingerspitzengefühl und Ihre Fähigkeit, den jeweiligen Mitarbeiter richtig einzuschätzen und «anzufassen». Erklären Sie Ihrem besten Verkäufer, wie man auf Kunden zugeht, und er wird Sie für einen Wichtigtuer halten, der nicht weiß, wovon er redet. Und Ihr Mitarbeiter hat natürlich Recht. Denn er ist ja erfolgreich. Nur haben Sie andere Vorstellungen, die Sie ihm jetzt nahe bringen wollen. Sie können ihn zum Beispiel nach seinen eigenen Ideen fragen. Oder danach, wie er sein Aufgabengebiet einem jungen Kollegen beibringen würde, und dann hier einhaken und Ihre Ideen einbringen. Auf jeden Fall können Sie einem alten Hasen nicht vormachen, Sie hätten mehr Ahnung als er. Lassen Sie ihn merken, dass Sie seine Kompetenz schätzen, und bringen Sie ihn durch Fragen oder durch das Übertragen neuer Aufgaben dazu, frische Motivation für die Arbeit zu finden. Auch der alteingesessenste Mitarbeiter entwickelt Spaß und neue Ideen, wenn Sie ihn fordern.

So gilt zum Beispiel der Filialleiter eines Kaffeeherstellers als eingefahrener Mitarbeiter, der seit zehn Jahren immer dasselbe macht und mit seiner eingeschliffenen Art zwar immer brav das Soll erreicht, aber schon lange keine neuen Ideen mehr hervorbringt, geschweige denn Anregungen von außen annimmt.

Wenn Sie einen in ähnlicher Weise sehr kompetenten, aber eben nicht mehr engagierten Mitarbeiter haben, dann versuchen Sie ihn dazu zu bringen, einem neuen Filialleiter, der gerade anfängt mit dieser Arbeit, Hilfestellung zu geben. Wenn Sie mögen, können Sie sogar ein Patenschaftsprinzip entwickeln. Ihr langjähriger Mitarbeiter jedenfalls erwacht unter Umständen wie aus einem Dornröschenschlaf, und Sie schlagen gleich mehrere Fliegen mit einer Klappe:

- Sie haben Ihrem Mitarbeiter Ihre Strategie nahe gebracht, ohne dass dieser es überhaupt gemerkt hat und sich von Ihnen belehrt fühlt.
- Dies haben Sie auf eine Art getan, die einprägsamer für diesen alten Hasen gar nicht sein könnte.
- Sie haben damit einen Mitarbeiter motiviert und vor allem reaktiviert, den Ihr Vorgänger vielleicht schon längst abgeschrieben hatte. Das heißt, Sie haben aus einem kompetenten Mitarbeiter einen kompetenten und engagierten Teamkollegen gemacht.
- Sie haben die Aufgabe delegiert, den Kollegen neu einzuarbeiten und ihm alles haarklein zu erklären.
- Und außerdem können Sie sich sicher sein, dass der eingefahrene Mitarbeiter neue Ideen entwickelt, von denen Sie und Ihr Team profitieren werden.

Im anderen Fall haben Sie zum Beispiel einen Mitarbeiter, der schon seit Jahren in seiner jetzigen Position arbeitet. Dieser Mitarbeiter macht ständig Vorschläge, hat Ideen und An-

regungen und setzt Sie als seinen Ansprechpartner auch geradezu aufreizend häufig von allem in Kenntnis. Nur bei der
Umsetzung gibt es immer wieder Schwierigkeiten. Denn
dieser Mitarbeiter ist zwar hochmotiviert und möchte es ganz
besonders gut machen, aber es fehlt ihm an Kompetenz. Um
die Angelegenheit für Sie besonders schwierig zu gestalten,
liegt die mangelnde Kompetenz keineswegs an mangelnder
Arbeitserfahrung. Immerhin arbeitet dieser Mann schon seit
Jahren dort. Unangenehmerweise verfügt er tatsächlich über
wenig Talent. Die Begabung reicht gerade aus, um brave Arbeit abzuliefern und Spaß an der Aufgabe zu haben. Der Grad
der Identifikation mit Firma und Produkt ist extrem hoch.
Dennoch sind die Vorschläge mäßig und die Umsetzung
kaum zu gebrauchen. Natürlich leistet dieser Mitarbeiter
wichtige Arbeit für Ihr Team. Denn Sie haben längst bemerkt, dass Sie im Team nicht nur Hochbegabte und geniale
Köpfe brauchen, sondern vor allem auch zuverlässige und
loyale Mitarbeiter, die viel Arbeit «wegschaffen» und andere
durch Ihre Motivation mitziehen. Wie bringen Sie also diesem Mitarbeiter eine neue Aufgabe und Strategie nahe? In
diesem Fall müssen Sie darauf achten, dass Vor- und Nachgespräch nicht demotivierend sind. Statten Sie Ihren Mitarbeiter mit allen betriebsinternen Informationen aus, die er
braucht, um zu begreifen, wie wichtig die Änderungen sind,
die Sie vornehmen wollen. Jetzt liegt es an Ihnen, einen Mit-
telweg aus Dirigieren und Sekundieren mit einer ausgesprochen großen Portion Kontrolle zu finden. Und geben Sie
Ihrem Mitarbeiter kleinere neue Aufgaben mit einer nach
hinten gerückten Deadline. So fühlt sich auch dieses Teammitglied ernst genommen und außerdem mit einer wichtigen
Funktion betraut. Unter Umständen haben Sie so das Glück,

diesen Mitarbeiter und dessen mitunter klammernd-fordernde Art etwas auf Distanz zu halten. Kompliziert wird es, wenn ein Mitarbeiter dieses Schlages innerhalb der Firma vorankommen möchte, Sie allerdings nach eigener Einschätzung und Absprache mit Ihrem Vorgesetzten keine Chance für ein Aufsteigen sehen. Bis zu einem gewissen Punkt können Sie diesen Mitarbeiter in die Warteschleife schicken, ihn mit einer Zusatzaufgabe versehen und ruhig halten. Aber irgendwann werden Sie zu dem Punkt kommen, wo ein Vertrösten nicht mehr reicht, und dann können Sie sich um das offene Gespräch, die ehrliche Einschätzung und die Entscheidung darüber, dass dieser Mensch in Ihrer Firma nicht mehr erreichen wird, nicht mehr drücken. Vielleicht werden Sie erstaunt feststellen, dass Ihr Mitarbeiter gar nicht so entrüstet reagiert, wie Sie dies vermutet haben. Unter Umständen nehmen Sie diesem Menschen sogar eine große Last von den Schultern. Nämlich das Gefühl, es gehöre einfach dazu, immer weiter in der Hierarchie nach oben zu klettern, auch wenn man eigentlich an dem Platz, an dem man gerade ist, die beste Arbeit erbringt und ganz zufrieden ist. Nicht jeder Mitarbeiter ist darauf aus, selbst einmal zu führen, aber viele arbeiten unter dem psychosozialen Druck, dies zu müssen, um vollwertig zu sein. Wenn es nicht mehr anders geht, kann also auch in dieser Situation mit diesem schwierigen, weil nicht mehr entwicklungsfähigen Mitarbeiter ein offenes Gespräch mehr klären als zerstören.

Wir haben Ihnen deutlich gemacht, dass Sie sich und Ihre Einstellung zum Produkt und teilweise auch zum Betrieb für Ihre Mitarbeiter transparent machen müssen, damit ein gegenseitiges Vertrauensverhältnis entstehen kann. Nur mit gegenseitigem Vertrauen kann offen diskutiert werden, können neue Ideen entstehen und Probleme zur Sprache kommen, die dann wiederum aus der Welt geschafft werden können. Transparenz bedeutet für Sie viel Arbeit, die sich aber voll auszahlt. Persönlich, weil Sie zum Beispiel mehr freie Zeit zur Verfügung haben, denn Sie haben aus Ihren Mitarbeitern verantwortungsvolle, motivierte Teammitglieder gemacht, auf die Sie viele Aufgaben übertragen, also delegieren können. Und auch in Bezug auf Ihre Karriere gewinnen Sie. Denn es wird auch Ihrer Geschäftsführung nicht verborgen bleiben, dass Sie ein hervorragendes Arbeitsklima geschaffen haben, in dem Sie und Ihr Team sehr erfolgreich agieren.

Sie brauchen kein besonderes Talent, um offen zu sein. Transparenz kann man auch nicht studieren. Aber Sie brauchen viel Mut, um wirklich in der Lage zu sein, Informationen weiter- und Kompetenzbereiche abzugeben. Und zwar nicht nur, wenn Sie ganz sicher im Sattel sitzen, sondern auch, wenn Sie beispielsweise spüren, dass Ihr Stellvertreter fast so effizient wie Sie selbst arbeitet, und Sie befürchten, dass an Ihrem Stuhl gesägt wird. Sie brauchen Kraft, um vor offenen Gesprächen nicht wegzulaufen und um sich der Kritik Ihrer Mitarbeiter zu stellen. Sagen Sie nicht: «Ich wäre ja gerne transparent, aber in meinem Unternehmen gibt es überall Neider und Intriganten. Ich kann schon keinen Schritt mehr tun, so viele Fußangeln gibt es. Und meine Geschäftsführung hört sowieso nicht auf mich.» Betrachten Sie es als Ihre Aufgabe, Zustände zu ändern. Reagieren Sie auf eine Intrige mit Offenheit und nicht mit einer Gegenintrige. Es sei denn, so etwas macht Ihnen Spaß und Sie wollen wissen, wer dieses Spiel besser beherrscht. Wenn Sie aber unter Geheimniskrämerei im Unternehmen leiden, dann haben Sie als Führungskraft die Chance, etwas zu bewegen. Und wenn Sie auch nach großem Einsatz und besten Bemühungen nicht vorankommen und die Unternehmenskultur einfach zu starr für Sie ist, dann haben Sie noch immer genug Zeit, eine Entscheidung zu treffen und sich nach einem neuen Arbeitsplatz umzusehen.

Das Ganze nochmal – aber kurz

Das Wichtigste: Transparenz macht Sie für Ihre Mitarbeiter berechenbar. Sie werden damit zu einem verlässlichen Partner.

Transparenz schaffen Sie nur durch gegenseitiges Vertrauen. Dafür müssen Sie aber vorlegen und zuerst offen sein. Damit Sie dabei möglichst keine Angriffsfläche bieten, sollten Sie sich vorher gut überlegen, was Ihre Mitarbeiter von Ihnen wissen sollten und was nicht. Sie vergrößern Ihren Bereich des freien Handelns, indem Sie mit Ihren Mitarbeitern klar vereinbaren,

- warum in Ihrem Team welche Aufgaben zu tun sind,
- wie die Informationsverteilung intern und extern organisiert werden soll,
- wie der Kontakt zu anderen Arbeitsbereichen aussehen muss,
- wie der Arbeitsfortschritt im Sinne eines Qualitätschecks für alle Beteiligten akzeptabel überprüft werden kann,
- welche Sanktionen für das Team bei einer negativen Abweichung von den Zielen besonders wirksam sind (nicht im Sinne von Bestrafung, sondern als neue Motivation),
- wie alle Beteiligten ein Projekt/eine Aufgabe möglichst zufrieden abschließen können und wie die Bewertung durch Geschäftsführung und Auftraggeber aussieht,
- welche Konsequenzen sich aus der Abschlussbesprechung für die Zukunft ableiten lassen.

Natürlich müssen Sie nicht allen Mitarbeitern alles erzählen, um transparent zu sein. Es gibt verschiedene Bereiche für Sie als Teamführer, in denen Sie in ganz unterschiedlichem Maß transparent, also durchsichtig, für Ihre Mitarbeiter handeln, nämlich

- die Ziele Ihrer Firma,
- Ziele und Aufgaben, die sich daraus für Ihr Team ergeben,
- das Produkt selbst,
- die Entwicklung neuer Ideen,
- Ihre Personalpolitik,
- Probleme innerhalb des Teams und
- Ihre persönlichen Ziele.

Bei jedem Projekt hilft Transparenz Ihnen und Ihren Mitarbeitern, Ziele festzulegen und auch zu erreichen. Und schließlich hilft Transparenz, zu kontrollieren, ob sie denn tatsächlich erreicht worden sind. Sie kontrollieren in einem so genannten De-Briefing, für das Sie sich mit allen an der Arbeit Beteiligten zu einer Manöverkritik zusammenfinden. Diese Standardtagesordung hilft Ihnen vorzüglich durch die Sitzung:

1. Was war das Ziel des Auftrages?
2. Was war der Weg, das Ziel zu erreichen?
3. Inwieweit wurde dieser Weg eingehalten?
4. Warum wurde gegebenenfalls von diesem Weg abgewichen?
5. Was lief bei der Arbeit gut?
6. Was lief bei der Arbeit nicht gut?
7. Welche Probleme gab es im Team?
8. Welche Folgerungen ergeben sich daraus für zukünftige Aufträge?

In jedem Unternehmen gibt es Konflikte. Ziele werden unterschiedlich interpretiert. Führungskräfte und Mitarbeiter sind sich untereinander nicht grün. Mitarbeiter vertrauen ihren Vorgesetzten nicht. Die Konkurrenz schläft nicht. Deadlines werden überschritten, Umsätze stagnieren, Ergebnisse sind nicht zufrieden stellend, kurzum: Überall, wo Menschen schaffen, machen sie sich auch zu schaffen. Wir erklären Ihnen, warum Konflikte ganz normal, ja notwendig sind. Sie erfahren, warum in jedem Konflikt auch eine Chance für Sie und Ihr Team liegt. Sie erhalten Hinweise und Praxistipps, wie Sie die meisten Konflikte für die Beteiligten so lösen können, dass sogar alle noch einen Nutzen davon haben.

Warum Konflikte in die Milliarden gehen

Mit der Faust ganz gewaltig auf den Tisch hauen, dass die Fetzen fliegen! Den Mitarbeitern endlich einmal genau sagen, wo der Hammer hängt, und für Ordnung im Durcheinander sorgen. Und wenn sich zwei streiten, bekommt einfach jeder ein anderes Büro, und schon ist Ruhe im «Laden». Ruhe ist überhaupt oberstes Ziel. Denn Streitereien unter Mitarbeitern sind peinlich, genau wie Gefühlsausbrüche, verheulte Sekretärinnen, brüllende Verkaufsleiter oder verhuschte und verschüchterte Auszubildende. Außerdem denkt die Geschäftsführung sofort, dass der verantwortliche Chef mit der Situation überfordert ist. Da Streit nur unnötig Energie kostet und von der Arbeit abhält, ist es wohl am besten, man sieht weg, tut so, als hätte man nichts gehört und nichts gesehen. Und vielleicht legt sich ja der Stress, kühlen sich die Gemüter der Mitarbeiter wieder ab, und alles ist wieder so wie vorher. Tür zu, nicht ans Telefon gehen, am liebsten eine lange Besprechung auswärts einplanen. So kann man auch Konflikte lösen.

In den vorigen Kapiteln haben Sie erfahren, wie Sie aus Ihrer Arbeitsgruppe im Hinblick auf die Verbesserung zielgerichteter Zusammenarbeit ein Team machen können. Sie werden dabei vielleicht an der einen oder anderen Stelle gedacht haben: «Das hört sich ja ganz gut an, und die Tipps sind auch bestimmt in der Praxis vielfach erfolgreich umgesetzt worden. Aber was tue ich, wenn es trotzdem mit der Zusammenarbeit nicht so klappt? Was mache ich denn nun, wenn Mitarbeiter aneinander geraten?» Wo Menschen zusammenarbeiten, gibt es auch Reibungsverluste, das gilt auch für das beste Team! Damit liegen Sie natürlich richtig. In diesem Kapitel sagen wir Ihnen, mit welchen Konflikten Sie vor allem rechnen müssen, wie Sie Konflikte in Ihrem Team rechtzeitig wahrnehmen und wie Sie darangehen können, sie konstruktiv zu lösen. Auf jeden Fall ist klar, dass Streitereien und Konflikte, die nicht erkannt und gelöst werden, das Unternehmen ein Heidengeld kosten. Denn plötzlich wird nicht mehr richtig gearbeitet, sondern viel lieber gestichelt, gestritten oder im schlimmsten Fall gemobbt. Da werden Mitarbeiter unglücklich, entwickeln Krankheiten, überreichen Ihnen lauter gelbe Scheine und richten sich selbst, ihre Abteilungen oder sogar ganze Unternehmen zugrunde. Immerhin werden, einer großen Tageszeitung zufolge, die Kosten für ungelöste Konflikte am Arbeitsplatz in deutschen Betrieben jährlich auf über 30 Milliarden

Mark geschätzt; vom persönlichen Unglück der Beteiligten ganz zu schweigen.

So hatte der Personalleiter eines Handelsunternehmens einen Mitarbeiter, der die Weiterbildung der Filialmitarbeiter durchzuführen hatte. Dieser Mitarbeiter war sehr gut auf diese Tätigkeit vorbereitet, denn er konnte eine kaufmännische Ausbildung und ein abgeschlossenes Studium vorweisen. Der Mitarbeiter ging engagiert an seine neuen Aufgaben heran. Sein Einsatz und seine Seminarerfolge standen außer Zweifel. Er wurde bald zu einem unverzichtbaren Bestandteil der aktiven Personalentwicklung der Firma. Eines Tages jedoch wandelte sich der stets freundliche und aktive Kollege. Er wurde mürrisch und sprachlos. Er saß vor der Vorbereitung zu einem Seminar für Filialleitungen und kam gar nicht recht voran. Irgendwann gestand er einem Kollegen unter dem Siegel der Verschwiegenheit, dass er unsagbare Angst vor diesem Termin hätte und dass er nicht wüsste, was er tun sollte. Wenig später informierte er seinen Vorgesetzten, dass er unter Depressionen litt und deshalb in ärztliche Behandlung wolle. Um dies zu ermöglichen, wurde eine Vereinbarung über die Gestaltung seiner Arbeitszeit getroffen. Später war er immer häufiger krank, begann über seinen Vorgesetzten und die Arbeitsbedingungen zu schimpfen und sagte seinen Kollegen schroff, dass sie ihn in Ruhe lassen sollten. Die Kollegen fingen an, ihn nicht mehr ernst zu nehmen, und mieden sogar weitgehend den Kontakt mit ihm. Eines Tages rief er in der Firma an und sagte ein Seminar kurzfristig ab mit der Begründung, ihm sei beim Aufhängen ein Schrank auf den Fuß gefallen. Die Stimmung im Team wurde immer gereizter. Der Vorgesetzte war verärgert, dass sich der Mitarbeiter nicht mehr an Absprachen hielt, die Kollegen waren sauer, weil sie die Arbeit ihres Kollegen miterledigen mussten, und der Mitarbeiter fühlte sich unverstanden und schlecht behandelt. Für die Firma endete dieser Zustand schließlich damit, dass der Mitarbeiter den Betrieb mit dem Argument verklagte, die unzumutbare Arbeitsanforderung hätte seine Gesundheit ruiniert.

Wenn es sich in Ihrer Branche herumspricht, dass die Stimmung und das Arbeitsklima in Ihrem Betrieb schlecht sind, können Sie gleich auch noch alle Aussichten auf gute neue Mitarbeiter vergessen. Sie dürfen sich darauf verlassen, dass unzufriedene Mitarbeiter ihrem Unmut in privater Umgebung Luft machen. Die so Informierten werden diese Negativmeldungen in ihrem Umfeld verbreiten, denn ihre Informationsquelle ist ja absolut vertrauenswürdig. Die Auswirkung auf Ihren Betrieb ist verheerend, denn für die meisten Arbeitnehmer in Deutschland ist nach wie vor das gute Betriebsklima Auswahlkriterium Nummer eins bei der Jobsuche. Es ist also ganz klar Ihre Aufgabe als Führungskraft in Ihrer Abteilung, in Ihrem Team, eine motivierende Arbeitsatmosphäre zu schaffen und zu erhalten. Wenn Sie dies nicht können, haben Sie einen Teil Ihrer Aufgabe, auch in den Augen Ihres Vorgesetzten und Ihrer Geschäftsführung, nicht erfüllt. Deswegen hat es für Sie als Führungskraft gar keinen Sinn, die Augen zu schließen und so zu tun, als sei alles in Ordnung. Wenn Konflikte anstehen, gilt es, sie zu erkennen und die geeignete Methode zu finden, um sie für möglichst alle akzeptabel zu beenden. Danach – und das sollte Ihr Ziel sein, wenn Sie beginnen, mit Konflikten Ihrer Mitarbeiter umzugehen – bietet sich Ihnen allen nach einem ausgetragenen Konflikt normalerweise sogar eine bessere Arbeitssituation als vorher. Sie schaffen eine gereinigte Atmosphäre, in der Sie und Ihre Mitarbeiter sich motivierter fühlen und offener miteinander umgehen können. Sie sollten sich klarmachen, dass jeder Streit, jeder Konflikt von Ihnen nur in Zusammenhang mit der Arbeit, die Sie alle zusammen leisten, aufgegriffen werden kann. Es ist nicht Ihre Aufgabe, Ihren Mitarbeitern die familiäre Atmosphäre einer «Piep-piep-piepwir-haben-uns-alle-lieb-Seligkeit» zu bieten. Ihr Arbeitsauftrag als Führungskraft heißt in einer angespannten Situation eindeutig: Verbesserung der Zusammenarbeit, damit das Arbeitsziel einfacher, schneller und für alle angenehmer erreicht werden kann.

Bei der eingangs vorgestellten Umfrage über die Fähigkeiten von Führungskräften wird auch gefragt, ob Führungskräfte für die Zusammenarbeit im Team sorgen: Da geben nur gut 36% der Führungskräfte ihren Mitarbeitern häufig oder immer das sichere Empfinden, Kritik an ihnen äußern zu dürfen. Nur die Hälfte der Chefs schützt ihre Gruppe bei Schwierigkeiten von außen, Druck von oben und bei Problemen. Knapp 37% sprechen Konflikte in der Gruppe offen an, und nur die Hälfte der Führungskräfte achtet wirklich darauf, dass die Mitarbeiter ihrer Gruppe mit ihren Fachkenntnissen und Fertigkeiten zusammenpassen. Da ist die Frage erlaubt, wofür diese Führungskräfte bezahlt werden, wenn sie sich so elementare Versäumnisse leisten.

Es geht auch ohne Psychologen

Wieder einmal ein Grund mehr für Sie, auch bei dieser wichtigen Aufgabe überzeugendere Arbeit zu leisten, als viele Ihrer «Chefkollegen» es tun. An dieser Stelle möchten wir Ihnen aber gleich die eventuelle Sorge nehmen, dass Sie eine abgeschlossene psychotherapeutische Ausbildung brauchen, um einen Konflikt aus der Welt zu schaffen. Für diese Aufgabe müssen Sie vor allem erst mal sich selbst richtig einschätzen, danach die Situation, die sich Ihnen bietet, dann Ihre Mitarbeiter und schließlich die Chancen für eine konstruktive Konfliktlösung kalkulieren. Zum anderen sollten Sie wissen, dass es, gerade in größeren Betrieben, mitunter dermaßen verfahrene, weil seit langer Zeit bestehende Konfliktsituationen gibt, die für Sie nicht mehr zu lösen sind. Sie bräuchten dafür tatsächlich eine berufliche Zusatzausbildung – und somit sind Sie überfordert. Außerdem würde es Sie mehr Zeit kosten, als Sie zur Verfügung haben. Wenden Sie sich also nicht solchen «Altlasten» oder verfahrenen Situationen zu, die Sie einfach nicht lösen können, da sie Ihren Einfluss- und Kompetenzbereich übersteigen oder Ihren Arbeitszeitrahmen sprengen würden.

Für solche Fälle gibt es professionelle Klärungshelfer oder Konfliktmediatoren, die Sie mit der Aufarbeitung beauftragen sollten, wenn Sie auf diese verhärtete Streitsituation treffen. Diese Fachleute kosten Ihr Unternehmen allerdings eine Menge Geld. Das ist nur dann sinnvoll investiert, wenn Sie und Ihre Mitarbeiter echte Bereitschaft zum Mitmachen haben und Sie alle genügend Zeit dafür aufwenden. Denn so etwas kann schon dauern: Nach zwei bis drei Tagen Auftakttraining kommen je nach Erfordernis weitere Klärungsworkshops hinzu. Dennoch sollten Sie diese Möglichkeit kennen und Ihrem Vorgesetzten vorschlagen, wenn Sie die Verhältnisse in Ihrer Abteilung, in Ihrem Team, als für alle völlig unzumutbar empfinden und sie auf Kosten der Produktivität gehen. Ein Klärungshelfer hat viele Vorteile. Er ist eine neutrale Person, niemand kann ihm Seilschaften oder Absprachen vorwerfen. Er hat sich durch Vorgespräche ein Bild von der Lage verschafft und ist als ausgebildeter Psychotherapeut in der Lage, Konfliktgespräche in einer Gruppe wirkungsvoll zu moderieren. Er weiß, wie viel Gefühl und Spannung er erzeugen muss, bis die Streithähne endlich in der Lage sind, von eingefahrenen Standpunkten, die vielleicht schon seit etlichen

Jahren gehegt und gepflegt werden, langsam wieder abzugehen. Bis zerstrittene Mitarbeiter überhaupt die Ohren und den Kopf aufmachen, um eine andere Meinung zu hören und um die Opferrolle gegen eine Mischung aus Opfer und Täter einzutauschen. Der Klärungshelfer geht keine Allianzen ein, er analysiert für Sie die erreichte Situation, bereitet Sie auf künftige Schwierigkeiten vor, trainiert Verhaltensweisen, und er lässt Sie auch nach der Auftaktveranstaltung dabei nicht allein, Ihren Weg aus den Konflikten heraus zu gehen. Kontaktadressen für professionelle Klärungshelfer erhalten Sie am einfachsten über den Fachbereich Psychologie an der nächstgelegenen Universität.

In den allermeisten Fällen reichen jedoch Ihr gesunder Menschenverstand und gewisse Grundkenntnisse aus, um Spannungen zu erkennen, Streit zu schlichten und Konflikte im Interesse aller zu lösen. Es existiert nur ein einziger Spannungs- und Konfliktfall, den Sie erst gar nicht zu lösen versuchen sollten. Denn unglücklicherweise wird in vielen Unternehmen auch in Deutschland die Motivationsmethode der direkten Konkurrenz praktiziert. Ganz besonders im Außendienstverkauf und in den Unterhaltungsmedien wird damit gearbeitet, zwei Mitarbeiter auf derselben Position einzusetzen und beiden in Aussicht zu stellen, nach Ablauf einer bestimmten Testzeit den begehrten Job allein übernehmen zu können. Normalerweise könnten Sie jetzt auch zwei Bullterrier in eine Hundekampfarena setzen und bräuchten nur noch abzuwarten, wer besser knurrt, beißt, länger durchhält und schließlich überlebt. Wir halten diese Methode aus zwei Gründen für geschmacklos und, schlimmer, für unproduktiv. Der «überlebende» Mitarbeiter wird zwar den Job alleine weitermachen, aber er wird immer misstrauisch um sich schauen, um die nächste Gefahr sofort zu wittern, denn er weiß ja, dass sein Unternehmen mit dieser Form des Auswahlsystems arbeitet. Aus diesem Grund wird er niemals bereit sein, zum Beispiel einen neuen Kollegen gewissenhaft einzuarbeiten. Dazu müsste er ja etwas von seinem hart erworbenen Wissen freiwillig abgeben. Er wird nie jemanden neben sich dulden und so unter keinen Umständen den Nachwuchs fördern, der ihm, derart ausgebildet, selbst einmal den Platz streitig machen könnte. Gerade die wertvollen und entscheidenden Tipps und Tricks gibt dieser Mitarbeiter nicht preis. Ganz im Gegenteil, bei ihm steht alles unter der Überschrift «Mir hat auch keiner was gezeigt, soll der Neue doch selber sehen, wo er bleibt und, genau wie ich auch, erst mal gegen die Wand laufen». Falls bei diesem Kollegen einmal Teamfähigkeit vorhanden gewesen sein sollte, ist sie spätestens durch die «Konkurrenzmethode» vom Arbeitgeber «weggetestet» worden.

Der «totgebissene» Mitarbeiter wird frustriert sein. Er war und bleibt Unterlegener bei diesem Wettstreit, und alle Kollegen haben dies mitverfolgen können. Er war zu schwach, und er ist öffentlich gedemütigt worden. Auch er wird immer bissig bleiben, denn durch seinen Gesichtsverlust entwickelt dieser Mitarbeiter Ängste und Minderwertigkeitskomplexe, die ihn an einem offenen Umgang mit seiner Arbeitswelt hindern werden. Selbstverständlich wird er niemals Vertrauen zu seiner Geschäftsleitung entwickeln. Für diesen Mitarbeiter gibt es eigentlich nur einen einzigen Weg, sein Gesicht zu wahren, und das ist die Kündigung. Ein Unternehmen, das auf hohen Mitarbeiterverschleiß eingestellt ist und vielleicht sogar gerade davon lebt, dass die Mitarbeiterfluktuation extrem hoch ist (zum Beispiel die Unterhaltungsindustrie und die Medien), baut geradezu auf diese Form des gewünschten

Konflikts. Dieses System funktioniert aber lediglich reibungslos, um den härtesten Mitarbeiter zu ermitteln, nicht aber den kompetentesten oder den begabtesten!

Wir gehen davon aus, dass in Ihrem Unternehmen diese Methode entweder nicht angewandt wird oder aber Sie die Bereiche, in denen so gearbeitet wird, kennen und so den daraus resultierenden Konflikten keine weitere Beachtung schenken müssen. Sie haben auch keinen professionellen Klärungshelfer zur Hand, der für Sie die sachlichen und persönlichen Schwierigkeiten wegräumt. Sie sind Ihr eigener Streitschlichter. Und falls Sie wie die meisten Führungskräfte ziemlich unvorbereitet zum ersten Mal in die Situation geraten, mit einer Streiterei in Ihrem Team umzugehen, und Sie das Gefühl kalt erwischt: «Alles hängt davon ab, wie ich jetzt, in dieser Sekunde reagiere», dann versuchen Sie sofort, sich eines ins Bewusstsein zu rufen: Streit ist normal!

Spannungen sind kein Angriff gegen Sie

Es ist völlig normal, dass da, wo Menschen miteinander umgehen, Spannungen entstehen können. Das passiert zu Hause in der Familie genauso wie im Sportverein und in der Firma. Tatsächlich ist Ihre Reaktion in der Spannungssituation von größter Wichtigkeit. Aber die Tatsache, dass es in Ihrem Team überhaupt zu Spannungen kommt, ist kein persönlicher Angriff gegen Sie und bedeutet auf gar keinen Fall, dass Sie als Führungskraft versagt haben. Es darf und muss auch in der bestgeführten Abteilung zu Reibereien kommen. Sie sind notwendig zum Austesten von Grenzen, von Kompetenzen, von Stärken und Schwächen (auch Ihrer eigenen!). Und sie bringen Sie und Ihr Team nach gelungener Konfliktlösung ein Stück weiter, hin zu einem ehrlichen und offenen Arbeitsklima. Selbst für den Fall, dass der eigentliche Konflikt einfach nicht zu lösen ist, zum Beispiel weil es sich ausschließlich um private Antipathien handelt und keiner der Beteiligten bereit ist, Toleranz zu üben, lässt sich die Situation klären. Wenn nichts mehr hilft, werden Sie dafür sorgen, dass einer der Streithähne das Team verlässt, entweder in eine andere Abteilung wechselt oder kündigt.

Nun haben Sie das Problem, dass heute in Betrieben sehr häufig vielfältige Konflikte entstehen, denn der Druck wächst beständig. Die Konkurrenzsituation in nahezu allen Branchen verschärft sich, immer weniger Mitarbeiter sollen immer mehr Arbeit in immer kürzerer Zeit leisten. Junge Mitarbeiter wollen schneller aufsteigen, ältere Mitarbeiter (wobei älter durchaus bei Mitte 30 beginnt!) machen sich immer größere Sorgen um ihren Arbeitsplatz. Es scheint ein Zeichen ganz besonderer Leistungsfähigkeit zu sein, wenn ein Betrieb von sich behaupten kann, «jung, dynamisch und flexibel» zu sein. Unter diesen Bedingungen wachsen und gedeihen Misstrauen, Angst, Sorge und Missgunst. Und für Sie als Führungskraft bedeutet es einen großen Kraftakt, Vertrauen am Leben zu halten und Konflikte zu lösen.

Konflikte sind auf einmal da

Ein Konflikt ist von einem auf den anderen Moment einfach da. Und zwar in dem Augenblick, in dem ein einziger Mitarbeiter, aus welchem Grund auch immer, eine Spannung fühlt – gegen einen Teamkollegen, gegen die Firma, gegen das Produkt, gegen Sie. Der Konflikt ist da, auch wenn er zunächst für die anderen nicht erkennbar ist. Aber durch das Verhalten des Mitarbeiters können Sie ihm schnell auf die Spur kommen.

In Ihrem Team arbeiten unterschiedliche Menschen mit unterschiedlichen Persönlichkeiten, ganz individuellen Wertvorstellungen und Zielen, Träumen und Traumata. Schließlich sind unter ihnen unterschiedliche Rollen verteilt. (Bitte lesen Sie dazu Kapitel 1.) Einige harmonieren unter Umständen nicht gut miteinander. Zum Beispiel der «Spaßmacher» und die «neutrale Person» oder die «graue Eminenz» und der «Aufsteiger». Klar, dass hier Auseinandersetzungen programmiert sind. Außerdem sind häufig Aufgaben und Verantwortungsbereiche in Teams nicht klar voneinander getrennt. Die Schnittstellen bilden oft Reibungspunkte. Dafür haben Sie sich Ihr Organigramm gezeichnet. Achten Sie besonders auf diese Überschneidungen und beobachten Sie, wie die betreffenden Mitarbeiter damit umgehen. Helfen Sie, wenn nötig, durch noch genauere Vereinbarung von Zuständigkeiten und Arbeitsabläufen, Claims abzustecken, damit keiner dem anderen ins Gehege kommen kann. Außerdem sollten Sie auch die persönliche Situation Ihrer Mitarbeiter beachten, wenn Sie auf der Suche nach möglichen Konfliktsituationen sind. Oft liegt gerade hier viel Spannungspotential. So wird der allein stehende Mitarbeiter, der den Betrieb als Ersatzfamilie sieht und kaum Abstand zu seinem Arbeitsplatz hat, sachliche Kritik sehr schnell auf sich persönlich beziehen. Er wird sich schneller angegriffen fühlen und nicht mehr spannungsfrei und unbeschwert weiterarbeiten, bevor dies für ihn nicht eindeutig geklärt ist. Er ist verwundbarer und dadurch entweder darauf bedacht, sich abzuschotten, oder aber er wird angriffslustig. Der Mitarbeiter, der in der Familie oder Beziehung aufgefangen wird, der über ein intaktes Privatleben verfügt, kann normalerweise gelassener reagieren auf echte oder eingebildete Kritik, denn er hat viel mehr Abstand. Frust und Ärger wird er auch zu Hause los und muss nicht unbedingt im Büro Luft ablassen.

Denken Sie im Voraus an Konflikte

Wenn Sie also auf der Suche nach möglichen Konfliktgründen innerhalb Ihres Teams sind, gehen Sie systematisch nach folgender Checkliste vor und stellen Sie fest,

- ob die Arbeits- und Informationsabläufe in Ihrem Team reibungslos funktionieren,
- wie sich Ihre Mitarbeiter in Ihrer Anwesenheit verhalten (bleiben sie offen und locker, werden Sie in die momentanen Gespräche einbezogen, verstummen sie, oder wird gar das Thema spontan gewechselt?),
- inwieweit die Mitarbeiter für die zu erledigenden Aufgaben qualifiziert sind,
- welche Rollen im Team Reibungspunkte aufweisen und wie die betreffenden Kollegen miteinander auskommen,
- wo sich Kompetenzbereiche überschneiden und wie die Kollegen damit umgehen,
- welcher Mitarbeiter extrem hohe Ambitionen hat,
- ob ein Mitarbeiter besonders frustriert und perspektivlos wirkt,
- ob sich eines der Teammitglieder in die Position des Sündenbocks hineindrängen lässt
- und wie sich die private Situation Ihrer Mitarbeiter darstellt (Single wider Willen, Familie, Scheidung?).

Sie sollten keine Probleme erfinden, wo vielleicht (noch) gar keine sind. Aber Sie sind immer im Vorteil, wenn Sie eine mögliche Konfliktsituation schon vorher bedacht und durchgespielt haben. Sie werden dann nicht kalt erwischt, wenn zwei streitende oder ein unzufriedener Mitarbeiter vor Ihnen steht. Versteifen Sie sich aber nicht auf die durchdachte Konfliktkonstellation, sondern hören Sie aufmerksam zu, wenn Ihnen die Lage geschildert wird. Sie drängen dann niemanden in eine Position, in die derjenige gar nicht hineingehört.

Das ist die wichtigste Präventivmaßnahme, um sofort die wichtigsten Streitpunkte festzustellen. Bevor Sie aber in eine akute Konfliktsituation geraten, und das werden Sie unweigerlich, denn ohne jede Spannung würde Ihre Abteilung wahrscheinlich einfach vor Langeweile einschlafen, müssen Sie einige Dinge über sich selbst in Erfahrung bringen. Wir haben Sie schon in den vorangegangenen Kapiteln immer wieder ermutigt, sich selbst, Ihre Schwächen und Stärken, Fehler und Gewohnheiten zu beobachten und sich selbst einzugestehen. Wir haben Sie auf den manchmal überdeutlichen Unterschied zwischen Eigen- und Fremdwahrnehmung hingewiesen und darauf, dass im Umgang mit Ihrem Team eigentlich nur die Fremdwahrnehmung zählt. Denn wie Sie sich gerne sehen möchten, Ihre Wunschvorstellung von sich selbst als idealem Chef («Ich bin geduldig, gütig, gerecht, kann andere motivieren und bin dabei sogar noch persönlich und jederzeit für meine Mitarbeiter da»), interessiert Ihre Mitarbeiter überhaupt nicht. Die kennen Ihre Wünsche nicht, die sehen jeden Tag nur Sie und Ihr tatsächliches Auftreten und Handeln. Auch für Ihre Rolle als Konfliktlöser brauchen Sie vor allem erst einmal größtmögliche Offenheit und Ehrlichkeit mit sich selbst. Prüfen Sie sich in diesen Punkten:

EHRLICHKEIT: Gebe ich eine Spannung im Team überhaupt zu?

KONFLIKTSCHEU: Kehre ich einen Streit viel lieber unter den Tisch und tue so, als wäre alles in Ordnung?

ALLEINHERRSCHER: Haue ich ordentlich auf den Tisch und verbiete Querelen rundheraus?

OFFENHEIT: Kann ich offen mit meinen Mitarbeitern reden?

GEGENSEITIGES VERTRAUEN: Würden meine Mitarbeiter bei einem Streit überhaupt zu mir kommen?

DISTANZ: Ist es mir peinlich, private und intime Einzelheiten von Mitarbeitern zu hören?

NÄHE: Nehme ich alle Probleme mit nach Hause und mache sie zu meiner Ersatzfamilie?

EITELKEIT: Genieße ich es, als großer Friedensstifter aufzutreten?

NEUGIERDE: Muss ich immer überall meine Nase hineinstecken?

HELFERSYNDROM: Bin ich der Meinung, dass nur und immer nur ich den Konflikt aus der Welt schaffen kann?

Bei Seminaren für Führungskräfte werden Sie häufig aufgefordert, sich selbst und einen Partner zu beurteilen. Sie schreiben für sich und für einen anderen Teilnehmer Ihrer Meinung nach passende Adjektive auf, nach Wichtigkeit geordnet. Das sieht dann zum Beispiel so aus: «ordentlich und gepflegt, extravertiert, redegewandt, selbstverliebt, einnehmend, machtbewusst, kann keine Kritik einstecken, trotzdem offen, interessiert». Sie brauchen aber für diese Methode der Bewertung nicht unbedingt eine andere Person, die Sie beurteilt. Gönnen Sie sich ausreichend Zeit und Ruhe, nehmen Sie Stift und Pa-

pier und notieren Sie sich die – in Ihren Augen – zehn her-
vorstechendsten Eigenschaften, die Sie als Führungskraft besitzen. Dann notieren Sie die zehn Eigenschaften, die der op-
timale Vorgesetzte Ihrer Meinung nach haben sollte. Wenn
Sie unrealistisch viele Überschneidungen beim Vergleich der
Listen sehen, sollten Sie noch einmal eine neue Selbsteinschätzung aufschreiben und jedes Adjektiv genau durchleuchten.
In diesem Fall sollten Sie aber zunächst nicht weiterlesen, um
sich nicht zu beeinflussen.

Wenn Sie tatsächlich von Ihren Mitarbeitern ausreichend Sozialkompetenz zugestanden bekommen wollen, um einen
Konflikt zu lösen, sollten Sie den folgenden Kriterienkatalog
so weit wie möglich erfüllen:
– Sie entsprechen selbst den Erwartungen, die Sie im Hinblick auf das Verhalten an Ihre Mitarbeiter stellen.
– Sie reden klar, deutlich und präzise mit Ihren Mitarbeitern,
  sodass diese wissen, was Sie von ihnen erwarten.
– Sie erteilen Arbeitsaufträge so, dass Ihre Mitarbeiter genau
  wissen, welches Ziel sie erreichen sollen.
– Sie vereinbaren Kontrollen, führen diese sorgsam durch
  und geben Ihren Mitarbeitern eine Rückmeldung.
– Sie beteiligen sich nicht an Cliquenwirtschaft und «politi-
  schen» Spielchen in der Firma, behandeln alle Mitarbeiter
  fair und nach demselben Maßstab.
– Sie sind aufgeschlossen für Ansichten und Wünsche Ihrer
  Mitarbeiter, fordern sie regelmäßig ein und gehen darauf
  ein.
– Sie stellen sich der Kritik Ihrer Mitarbeiter, rechtfertigen
  sich nicht nur, sondern suchen nach besseren Möglichkeiten.

- Sie setzen Mitarbeiter nicht nach dem Sympathiefaktor ein, sondern ihren tatsächlichen Fähigkeiten entsprechend.
- Sie geben eigene Fehler und Versäumnisse unumwunden zu.
- Sie üben Kritik und loben gute Leistung.
- Sie haben ein offenes Ohr auch für private Sorgen Ihrer Mitarbeiter.

Wenn Sie alle diese Anforderungen erfüllen, sind Sie der ideale Vorgesetzte. Das erreicht natürlich kaum jemand. Aber Sie können sich an diesen Grundsätzen orientieren und sollten Ihr Verhalten immer wieder an diesen Maßstäben messen und korrigieren. Wenn Sie es schaffen, nach diesen Vorgaben mit Ihren Mitarbeitern regelmäßig im Gespräch zu bleiben, wird das die Mitglieder Ihres Teams viel wirksamer an den Betrieb binden und die Bereitschaft zu Mehrarbeit und Loyalität vergrößern als eine Gehaltserhöhung oder freiwillige Sozialleistungen des Unternehmens. Außerdem stehen Ihre Chancen besser, dass Gespräche, und gerade Streit- und Konfliktunterhaltungen, in Ihrem Sinn verlaufen. Dass also jeder seinem Ärger Luft machen kann, dass ein Sachverhalt geklärt wird und dass beide oder alle Parteien wieder Ihre Position finden und motiviert weiterarbeiten können, vielleicht sogar besser als vorher.

Machen Sie es also nicht so wie der Abteilungsleiter im Großkundenvertrieb eines Markenartikelunternehmens. Er ging jeden Abend mit seinem Vorgesetzten und zwei, drei Kolleginnen in die Kneipe des betriebseigenen Fitnesszentrums. Diese Führungskräfte waren dort Stammgäste, zechten fröhlich und blieben bis zum Schluss. Sie waren für die anderen Gäste eine wunderbare Informationsquelle. Wer genau zuhörte, erfuhr ihre Ansichten über Kunden, Mitarbeiter und einzelne Hauptabteilungsleiter der Firma.

Leider wurde aber auch bekannt, dass sie sich damit brüsteten, angetrunken mit dem Auto nach Hause zu fahren. Außerdem wurde es zu einem offenen Geheimnis, dass dort ein heimliches Pärchen zusammensaß, die beide mit anderen Partnern verheiratet waren. Sie können sich lebhaft vorstellen, wie die Mitarbeiter dieser Führungskräfte über ihre Vorgesetzten dachten und welche Kompetenz ihnen für den Umgang mit Konflikten zugesprochen wurde.

Für Sie als Führungskraft gibt es auf jeden Fall eine Bedingung, um die Sie niemals herumkommen. Sie sollten als Persönlichkeit in sich ruhen und so selbstsicher sein, dass Sie sich von Ihren Mitarbeitern niemals persönlich und emotional angegriffen fühlen. Zu dieser Einstellung können Sie gefahrlos kommen, denn es gibt viele gute Argumente für sie. Ihr Mitarbeiter ist nicht Ihr Leibeigener oder Untergebener, und deswegen erwarten Sie auch nicht blinden Gehorsam und Kofferträgerei. Der Mitarbeiter wird von Ihnen als Teammitglied akzeptiert und ist daher auch Ihr Partner bei der Arbeit. Deswegen fühlt sich Ihr Gegenüber auch nicht als Opfer Ihrer willkürlichen Entscheidung oder Anordnung. Der Mitarbeiter weiß, dass Sie ihm erst einmal zuhören, ohne zu bewerten. Der Mitarbeiter weiß, dass Sie sich um eine gerechte Entscheidung und Lösung des Konfliktes bemühen.

Führungskräfte sind immer häufiger als Konfliktvermittler gefragt. Von verstärktem Arbeitsdruck durch höheren Konkurrenzdruck und immer weniger Mitarbeitern aufgrund von Personaleinsparungen haben wir schon gesprochen. Aber es gibt noch eine zweite Komponente, die dazu beiträgt, dass es häufiger Ärger im Team gibt. Ihre Mitarbeiter sind nämlich immer besser ausgebildet, arbeiten auf höherem Niveau und sind einfach nicht mehr so angepasst wie noch vor wenigen Jahren. Einem renommierten Freizeitforschungsinstitut zufolge hat sich im Arbeitsleben der viel zitierte Wertewandel dahin gehend vollzogen, dass die Menschen heutzutage ihren Sinn sowohl aus der Arbeit als auch aus dem Privatleben ziehen. Beides beeinflusst sich wechselseitig und entscheidet über die Zufriedenheit. Motiviert sind dabei vor allem die Menschen, die in beiden Lebensbereichen über die Gestaltung mitentscheiden können. Sie können und müssen von Ihren Mitarbeitern also erwarten, dass diese mitdenken, nachfragen und kreativ sind. Sie haben nicht mehr den klassischen Jasager vor sich, der brav seine Arbeit tut und ansonsten nicht weiter auffällt. Mit derart «kleinen» Leuten können Sie keine großen Dinge erreichen. (Jung-)dynamisch heißt eben auch unangepasst und manchmal unbequem – und stark. Da müssen Sie sich schon ganz schön strecken und über besondere Fähigkeiten verfügen, um in leistungsorientierten Teams den Ton anzugeben. Außerdem kommt hinzu, dass solche Mitarbeiter zum Beispiel ein schlechtes Arbeitsklima auch nicht mehr einfach nur hinnehmen und sagen: «Das muss halt so sein.» Jeder weiß, dass gar nichts sein muss, sondern dass Situationen geschaffen und verändert werden. Selbstbewusste Mitarbeiter werden sogar von Ihnen einfordern, dass Sie für eine gute Arbeitsatmosphäre sorgen. Das bedeutet für Sie, dass Ärger, Konflikt und Streit keine Angelegenheiten sind, die in Ihrem Team einfach ignoriert werden könnten. Wenn Sie dennoch versuchen sollten, Konflikte unter den Teppich zu kehren, werden sie an anderer Stelle umso heftiger ausbrechen und Ihnen wahrscheinlich viel mehr Arbeit machen.

Wie Sie Konflikte auseinander halten

Zunächst einmal müssen Sie zwei grundsätzlich unterschiedliche Konfliktarten voneinander unterscheiden: Sachkonflikte und Beziehungskonflikte.

Sachkonflikte

Sachkonflikte entstehen aus Unzufriedenheit über (Arbeits-)Bedingungen oder aus einer Konkurrenzsituation um etwas, von dem es nur wenig gibt. Knapp und rar sind Dinge wie Titel, Anerkennung, Zeit, Rechte und Auszeichnungen. Es ist kaum zu glauben, aber zu den beliebtesten Streitobjekten in deutschen Betrieben gehören der eigene Parkplatz auf dem Betriebshof, die Ausstattung und Größe des Büros, der Firmenwagen, ob jemand eine Sekretärin hat und welche Telefonanlage im jeweiligen Büro installiert ist. Andere Sachkonflikte ergeben sich häufig aufgrund der Reisekostenordnung oder wegen vermeintlich «ungerechter» Unterschriftsberechtigungen. Der eine Mitarbeiter darf in der Business-Class fliegen, andere nur in der Economy-Class. Das Airline-Brötchen und das Glas Sekt im Flugzeug entscheiden also auch über die Zufriedenheit im Betrieb. Wegen solcher Banalitäten entstehen häufig Spannungen, die zum Konflikt werden können. Offensichtlich ist nichts zu simpel, um darüber zu streiten und zu neiden. Allen Sachkonflikten gemeinsam ist die Tatsache, dass man an ihren Ursachen selbst in aller Regel kaum etwas verändern kann. Ändern kann man nur die Einstellung zu diesen Dingen und die Frage, welche Bedeutung man ihnen zumessen will, um das vereinbarte Traumziel zu erreichen.

Beziehungskonflikte

Bei den Beziehungskonflikten gibt es vor allem zwei wichtige Ursachen. Einmal gibt es Menschen, die bei fast jeder Entscheidung erst ins Grübeln verfallen, ob die Lösung wirklich so gut ist oder nicht. Da gibt es Führungskräfte, die sagen nie «Nein», weil ihnen vielleicht in einem Training eingebläut wurde: «Geht nicht gibt's nicht.» Also lassen sie sich von ihren Vorgesetzten und Mitarbeitern alles aufhalsen und leiden unter dem Erwartungsdruck der anderen. Oder ihre Wertvorstellung, andere durch das eigene Verhalten nicht zu verletzen, geht so weit, dass sie sogar berechtigte Kritik an ihren Mitarbeitern unterlassen. Diese Ursache für Beziehungskonflikte beachten wir nicht weiter, denn wir gehen davon aus, dass Sie als Führungskraft ausreichend mit sich selbst im Reinen sind, um andere genau dorthin zu bringen. Die zweite Ursache für Beziehungskonflikte sind Auseinandersetzungen mit anderen. «Konflikt» bedeutet schlicht Widerstreit. Konflikte sind also bereits da, wenn in einem Gespräch zwei gegensätzliche Meinungen aufeinander treffen. Der Umgang mit diesen Gegensätzen entscheidet allerdings darüber, ob wir sie als Belastung empfinden, die zu beseitigen ist, oder eben nicht.

In einer Streitsituation gibt es also diverse Beziehungskonflikte. Solche Konflikte entstehen daraus, dass Ihre Mitarbeiter unterschiedliche Charaktere, Einstellungen, Ideen, Qualifikationen, Informationen haben und sich dementsprechend verhalten. Pünktlichkeit mag für den einen das Wichtigste sein und ein Zeichen für Integrität. Der andere Kollege ist vom ewigen Blick auf die Uhr genervt und findet das uninspiriert und spießig. Schon kann ein Streit darüber aufkommen. Der etwas unbeholfene Schlag auf die Schulter wird vom einen

Mitarbeiter als freundliche Anerkennung einer Leistung verstanden, der andere Mitarbeiter empfindet dieselbe Geste als anmaßend oder sogar überheblich, also inakzeptabel. Schon ist eine Spannung da. In einer Projektsitzung «diskutieren» die Teilnehmer ellenlang über die Tagesordnung. Jeder will sich durchsetzen. Dazu unterbricht der eine den anderen und hört überhaupt nicht auf die Argumente des Nachbarn, weil dieser ihn beim letzten Meeting in die Pfanne gehauen hat. Mitarbeiter C ist auf den Kollegen B sauer, da dieser mit der attraktiven Kollegin F turtelt, auf die C selbst ein Auge geworfen hat. Sie sind verärgert, weil sich einer Ihrer Mitarbeiter nicht an die getroffenen Vereinbarungen hält und Sie dadurch nicht sicher sein können, dass die Arbeit getan wird. Umgekehrt ist ein anderer Mitarbeiter nicht gut auf Sie zu sprechen, weil Sie einen Verbesserungsvorschlag, für den er lange getüftelt hatte, einfach auf Eis gelegt haben. Da Sie mit Ihrem Mitarbeiter darüber nicht geredet haben, weiß er natürlich nicht, dass Sie derzeit einfach in der Tagesarbeit ersticken.

Konflikte aktiv klären und lösen

Für Sie als Teamleiter ergibt sich vor allem die Aufgabe, Sach- und Beziehungskonflikte auseinander zu halten. Denn der Streit ist schwer zu lösen, wenn sich die Sach- und Beziehungsebene vermischen. Und selbstverständlich passiert das bei Mitarbeitern, die sich streiten, oft und gerne. Häufig wird die sachliche Ebene von der persönlichen überlagert. «Was für ein aufgeblasener Hahn dieser X ist, hockt da fett und faul in seinem gläsernen Käfig und hält sich für was Besseres.» Tatsache ist, dass X ein eigenes Büro hat und damit den Neid anderer auf sich zieht. Aber er braucht den Raum, weil er eine Aufgabe im Team erfüllt, für die er auch ungestörte Gespräche führen muss. Und da kommt die zweite Tatsache ganz gelegen, dass X unbeliebt ist, weil er ein Einzelgänger ist. Hier wird also die persönliche Abneigung genutzt, um den Konflikt auf der Sachebene zu nähren. Andersherum geht es übrigens auch. Da werden dann Dinge aus der sachlichen Ebene herangezogen, um persönliche Antipathien zu pflegen. Etwa, wenn jemand in einer fachbezogenen Diskussion mit Hinweis auf die Tagesordnung versucht, selbst mehr Redezeit zu bekommen, oder Argumente eines anderen mit der Bemerkung «Das tut doch nichts zur Sache» beiseite schiebt. Wenn ein Konflikt in Ihrem Team über die Phase des kleinen Ärgers hinausgeht, müssen Sie entscheiden: «Greife ich ein, um den Konflikt beim Schopf zu packen und ihn zu lösen? Auch wenn ich das Risiko eingehe, dass mich die Sache einige Zeit kostet und die Emotionen hochkochen im Team? Oder lasse ich das sein? Hoffe ich, dass sich alle wieder beruhigen? Wenn sie es nicht tun, habe ich dann mit etwas Pech den ganz großen Schlamassel?» Dann allerdings trifft Sie eine Mitschuld, wenn es zum offenen Streit kommt, zu einer Zwei-Lager-Bildung, die Ihr Team kaputtmacht. Oder aber Sie greifen schnell ein. Bei dieser Entscheidung ist der Zeitpunkt des Einschreitens wichtig. Allerdings können Sie den nicht immer wählen oder selbst bestimmen, denn manchmal werden Sie auch früher in einen Streit hineingezogen, als es Ihnen lieb ist. Unglücklicherweise wird Sie eine Spannungssituation auch immer wieder einmal überraschen, weil Sie an dieser Stelle gar nicht damit gerechnet haben. Sie sind von einem friedlichen Status quo ausgegangen und haben vergessen, die Augen offen zu halten. Deswegen ist es für Sie ganz entscheidend zu wissen, wo und aus welchem Grund solche Situationen überhaupt entstehen können.

1. Es gibt Sachkonflikte, die aus der Unzufriedenheit mit Rahmenbedingungen entstehen. Das sind zum Beispiel alle Richtlinien Ihrer Firma oder die Ausstattung des Arbeitsplatzes. Die Ursachen für solche Konflikte sind in aller Regel kaum zu verändern, denn Sie werden nur selten erfolgreich darauf Einfluss nehmen können, in welcher Klasse Sie oder Ihre Mitarbeiter auf Dienstreisen fliegen oder mit der Bahn fahren dürfen. Denken Sie also auch an diese Möglichkeit, wenn Sie wahrnehmen, dass einer Ihrer Mitarbeiter unzufrieden ist. Dann können Sie nur daran arbeiten, dass die Betroffenen ihre Einstellung zu den Rahmenbedingungen ändern.

2. Es gibt Beziehungskonflikte, die sich zum Beispiel aus unterschiedlichen Meinungen, Interessen, Zielen und Verhaltensweisen der Beteiligten ergeben. Als Führungskraft müssen Sie natürlich erst einmal prüfen, ob Sie selbst vielleicht Ursache für diesen Konflikt sind. Dann sollten Sie aktiv auf Ihren Mitarbeiter zugehen und ihn darauf ansprechen, um zu einer für beide akzeptablen Lösung zu kommen. Bei Konflikten, die Mitarbeiter untereinander haben, sollten Sie zunächst einmal aufmerksam darauf achten, wie die Beteiligten damit umgehen. Wenn Sie deutliche Zeichen von Verstimmung oder Ärger wahrnehmen, die auch auf andere Mitarbeiter abstrahlen, dann sind Sie dafür verantwortlich, dass der Konflikt zur Sprache kommt und gelöst wird. Denn es ist Ihre Aufgabe, weiteren Schaden von Ihrem Team abzuwenden.

Meinungsverschiedenheiten und Missverständnisse gehören auch bei der Arbeit einfach mit dazu. Im günstigen Fall wird der Streit von den beiden Parteien genutzt, um nach der Auseinandersetzung unter verbesserten Vorzeichen weiterzuarbeiten. Dies ist der konstruktive Konflikt. Der destruktive Konflikt beginnt auch mit unterschiedlichen Meinungen und Standpunkten, Ideen und Erwartungen. Keine Partei will als kleinlich gelten. Weil es ja nur um eine winzige Bagatelle geht, halten beide den Mund. Was auf der Strecke bleibt, ist die Aussprache, vielleicht auch eine kleinere Explosion, auf die das klärende Gespräch folgt. Die Spannungen bleiben bestehen und mindestens eine Partei sammelt Punkte und verbucht diese auf dem «Er-ist-schuld-Konto». Der schwelende Konflikt schaukelt sich weiter hoch und erreicht den «point of no return», den Punkt, von dem aus es kein Zurück mehr gibt. Die Hoffnung darauf, dass schon alles von alleine wieder in Ordnung kommt, ist hiermit begraben. Der Konflikt kann an diesem Punkt nicht mehr geleugnet werden, und der Tropfen, der das Fass zum Überlaufen bringt, fällt in diesem Moment. Zwei völlig unterschiedliche Reaktionen sind in diesem Fall möglich. Die Explosion oder die Implosion. Der Konflikt eskaliert und ein offener Streit beginnt, in dessen Verlauf mindestens eine Partei der anderen irgendetwas an den Kopf wirft. Ob gemurmelt oder gebrüllt wird, ist unerheblich. Auf jeden Fall wird Unmut artikuliert und der Mitarbeiter tut seinen Gefühlen keinen Zwang an. Bei der Implosion entscheidet sich mindestens eine Partei dafür, alle Wut, allen Frust konsequent hinunterzuschlucken und nie wieder ein Wort darüber zu verlieren. Was nicht bedeutet, dass die Konsequenzen dieser Reaktion weniger Tragweite hätten. Sie haben nunmehr einen Mitarbeiter, der sich nach innen zurückgezogen hat. Die Kränkung und die Enttäuschung sind einfach zu groß. Es ist schwer, diese Person überhaupt dazu zu bewegen, zuzugeben, dass ein Konflikt vorhanden ist. Die Konfliktsituation gefriert und bietet keine Angriffsfläche mehr. Sie erstarrt in diesem Zustand. Dieser Mitarbeiter wird vielleicht so unglücklich, dass er Krankheiten entwickelt. Oder aber er hat die innere Kündigung angetreten, macht nur noch Dienst nach Vorschrift und schadet Ihrem Team. Dieser Mitarbeiter wird die Arbeitsmoral des gesamten Teams untergraben.

In jedem Konflikt, der den «point of no return» bereits überschritten hat, sehen sich beide Parteien normalerweise als Opfer. Der andere trägt die Schuld daran, dass sich eine bestimmte Situation so ergeben hat. Der andere hat einen zu tief gekränkt, hat Beschuldigungen ausgesprochen, Intrigen gesponnen und Front gegen das Opfer gemacht. In einer spannungsgeladenen Beziehung zwischen zwei Mitarbeitern funktioniert oft die klare Wahrnehmung von Tatsachen überhaupt nicht mehr. Der andere ist immer der Feind, der andere ist nicht zur Zusammenarbeit bereit, der andere hat Schuld. Ich selbst hatte und habe keine Möglichkeit, mich zu wehren. Ich bin das Opfer. Im Gespräch mit beiden Parteien müssen Sie diesen Umstand unbedingt beachten. Diese beidseitige Opferrolle macht es nämlich für den Streitschlichter so schwierig, um Verständnis für beide Seiten zu werben. Außerdem sind die Beteiligten in einem Konflikt auf dem Analyse-Ohr so gut wie taub. Keine der beiden Streitparteien hat genug (emotionalen) Abstand, um auch nur einmal nach dem (psychosozialen) Grund für die Streiterei zu fragen – aus welcher Motivation heraus jemand sich angegriffen, schlecht gemacht oder gar denunziert fühlt. Es gibt für die Betroffenen drei Möglichkeiten, auf einen Angriff/Streit zu reagieren:

1. Ich werde angegriffen, bin Opfer, muss zurückschlagen / wegdrängen.

2. Ich werde angegriffen. Ich muss mal überlegen, ob was dran ist oder nicht.

3. Er greift mich an, weil er einen schlechten Tag hat, überfordert ist oder ein privates Problem hat.

Leider sind die meisten Menschen und damit auch Mitarbeiter nicht in der Lage, Möglichkeit 2. oder 3. wenigstens zu bedenken. Dafür ist der Angriff auf die Art zu arbeiten oder das Arbeitsergebnis von viel zu existentieller Bedeutung für den Arbeitnehmer, der darauf angewiesen ist, seinen Job zu behalten.

Schließlich werden Sie als Streitschlichter schnell feststellen, dass es so gut wie nie einen Alleinschuldigen gibt und dass es in den meisten Fällen Ihre Aufgabe ist, einen Kompromiss mit beiden Parteien zu erarbeiten. Manchmal allerdings müssen Streithähne örtlich getrennt werden (neues Büro), und in seltenen Fällen ist es für alle besser, Sie versuchen, einer Partei einen neuen Job zu verschaffen. Bevor sich die unterlegene Seite gemobbt fühlt und sich über Monate krank meldet, mag das für Sie auch mit Abstand die preiswertere Lösung sein.

Wie Sie Gespräche führen

Sie wissen jetzt, was ein Konflikt ist, Sie kennen die Entwicklungsphasen, haben Techniken entwickelt, schon vorher mögliche Reibungspunkte innerhalb des Teams zu orten. Ihnen ist klar, dass Sie ab einem gewissen Punkt eingreifen müssen, wenn zwei Parteien sich streiten, und Sie haben gelernt, welche Haltung Sie als Führungskraft den Streitenden gegenüber signalisieren sollten. Außerdem ist Ihnen deutlich geworden, dass Streit schlichten und Konflikte lösen zu Ihren Arbeitsaufgaben gehört. Abhängig davon, wie groß Ihr Team ist, wie viele Leute überhaupt im Unternehmen beschäftigt sind, ob Sie ausführend oder eher kreativ arbeiten und wie groß der Druck ist, der auf Ihrem Team liegt, gibt es nahezu endlos viele Variationen von Streit bei der Arbeit. Sie müssen den destruktiven Charakter des Streits in einen konstruktiven umwandeln, der allen die erfolgreiche Weiterarbeit in einem guten Betriebsklima ermöglicht. Und zwar nicht nur den Streitenden, sondern dem ganzen Team, das ja unter dem Streit auch leidet.

Einzelgespräche

Als erste Maßnahme empfehlen wir Ihnen Einzelgespräche. Normalerweise kommt der unzufriedene Mitarbeiter, der sich in der im- oder explodierten Situation befindet, allein auf Sie zu. In den seltensten Fällen stehen beide Parteien auf einmal in Ihrem Büro. Bitten Sie den ersten Mitarbeiter zum Gespräch. Wenn Sie gerade in diesem Moment keine Zeit haben, machen Sie am besten sofort einen Gesprächstermin zum frühestmöglichen Zeitpunkt aus. Geben Sie Ihrem Gegenüber das Gefühl, dass Sie sich für sein Problem interessieren. Befragen Sie keine weiteren Mitarbeiter zum Konflikt, sondern legen Sie gleich von vornherein die Spielregeln fest. Erklären Sie Ihrem Mitarbeiter, dass Sie sich seine Klagen anhören werden. Dass Sie aber nicht sofort Stellung beziehen, sondern erst einmal die zweite Partei zum Gespräch einladen und sich die Gegenseite anhören wollen. Machen Sie sich ruhig Notizen. Es geht hier nicht darum, den Schuldigen zu finden. Sie wollen vermitteln und dafür sorgen, dass die Parteien möglichst schnell und mit möglichst wenig Reibungs- und Energieverlust wieder zueinander finden und miteinander arbeiten können. Für jede Partei nehmen Sie sich Zeit. Das muss gar nicht lange dauern. Oft reichen durchaus Gespräche von 5 bis 10 Minuten Dauer. Lassen Sie sich nicht aufgrund von persönlichen Sympathien oder Abneigungen dazu verleiten, Zusagen zu machen. Versuchen Sie viel eher, so neutral wie möglich zu bleiben. Genau darin liegt nämlich Ihre Stärke und auch Ihre Kompetenz als Streitschlichter. Klären Sie nach jedem der beiden Gespräche Ihre Mitarbeiter darüber auf, wie Sie weiter verfahren werden. Sie haben beide Parteien getrennt voneinander angehört, und Sie haben sich Notizen gemacht. Versuchen Sie jetzt, den sachlichen und den persönlichen Konflikt voneinander zu trennen. Dabei hilft Ihnen übrigens entscheidend die Überlegung, an welchem Punkt genau die eine Ebene die andere überlagert.

Gespräche mit mehreren

Jetzt laden Sie beide Parteien zu einer Besprechung unter sechs Augen ein. Diese Gespräche durchlaufen oft eine erste emotionale Phase, die peinliche Äußerungen oder auch drastische Körpersprache mit sich bringt. Seien Sie darauf vorbereitet, und reagieren Sie nicht entsetzt, sondern vielmehr entschieden, denn Ihre Mitarbeiter hatten bereits die Chance, ihrem Ärger Luft zu machen. Jetzt haben Sie sich alle zusammengesetzt, um eine Lösung zu finden. Und sagen Sie dies deutlich. Wenn Sie sich sicher sind, dass es auch in Ihrem Büro zu Beschimpfungen kommt, warnen Sie Ihre Mitarbeiter am besten gleich zu Beginn des Gesprächs davor, sich gegenseitig persönlich anzugreifen. Sie wiederholen die Anschuldigungen bzw. Verteidigungsargumente, die Ihnen die beiden Parteien bisher geliefert haben. Fragen Sie immer nach, ob Sie das Problem so richtig geschildert haben. Schon an diesem Punkt kann oft ein Fehler oder eine Lücke in der Kommunikation gefunden werden. Sie fragen beide Parteien, ob Sie das Problem korrekt dargestellt haben. Regen Sie die beiden Streitenden dazu an, den Konflikt selbst zu lösen, hier und jetzt, vor Ihnen. Dazu handeln Sie am besten folgendermaßen:

1. Stellen Sie die Frage: «Wie könnte Ihrer Meinung nach die Lösung für dieses Problem aussehen?»

2. Daraufhin lassen Sie die Mitarbeiter nacheinander antworten. Achten Sie dabei aber unbedingt darauf, dass sich die Kontrahenten nicht ins Wort fallen.

3. Die Lösungsmöglichkeiten Ihrer Mitarbeiter schreiben Sie in Stichworten getrennt für die Beteiligten auf.

4. Wenn alle Beteiligten ihre Lösungsmöglichkeiten aufgeführt haben, suchen Sie die Gemeinsamkeiten. Natürlich benutzen Sie alle Ihre Listen.

5. Danach fragen Sie bei den anderen Punkten, inwieweit sie realistisch sind und akzeptabel. Falls sie nicht akzeptabel sind, fragen Sie, wie sie verändert werden sollten.

6. So gehen Sie weiter vor, sodass Sie zum Schluss für beide Seiten akzeptable Lösungsmöglichkeiten entwickelt haben.

7. Jetzt suchen Sie gemeinsam nach der besten Lösung. Das ist die, die sofort umsetzbar ist und die dabei möglichst viel Konfliktpotential entschärft.

8. Danach vereinbaren Sie konkret, wer was wann und auf welche Weise bis wann zu erledigen hat, und vereinbaren Sie ebenfalls Kontrollen hierzu.

Wenn das Gespräch nun überhaupt nicht in Gang kommt, können Sie einen Probevorschlag machen und die Parteien reagieren lassen. Aber machen Sie beiden deutlich, dass Sie keine einseitige Position beziehen werden, dass Sie keinen von beiden als Opfer akzeptieren oder verurteilen werden. Immerhin haben beide Mitarbeiter dazu beigetragen, dass die Atmosphäre im gesamten Team gestört ist. Wir raten Ihnen dringend dazu, den Beteiligten klarzumachen, dass persönliche Schwierigkeiten miteinander nicht im Betrieb ausgetragen werden. Finden Sie eine Lösung für den Arbeitsbereich und geben Sie zur Not eine Verhaltensvorschrift mit auf den Weg: «Sie werden sich hier im Betrieb nicht mehr anschreien. Sie grüßen sich. Ich dulde kein schlechtes Gerede über den anderen.» Und vereinbaren Sie mit beiden Parteien unbedingt mindestens ein Nachgespräch nach Ablauf eines Monats, um zu überprüfen, ob die getroffenen Vereinbarungen oder Anweisungen auch wirklich eingehalten werden.

Kleinere Streitereien wie Kompetenzgerangel sind auf diese Weise relativ schnell und einfach zu lösen. Eine lautstarke Eskalation eines Streites in der Firma sollten Sie sofort unterbinden. Niemand darf beim Job so weit die Beherrschung verlieren, einen anderen anzuschreien, das gilt übrigens auch für Sie. Alle Teammitglieder geben sich auch unter extremem Stress Mühe, ruhig zu bleiben. Also gibt es für keinen Mitarbeiter eine emotionale Extrawurst zum Wichtigmachen. Halten Sie sich auch in diesem Fall daran, Einzelgespräche mit beiden Parteien zu führen, persönliche Querelen («Er schuldet mir Geld», «Er hat versprochen, mir beim Umzug zu helfen», «Er lässt mich immer auflaufen») oder Antipathien aus dem Konflikt herauszufiltern und über die eigentlichen Probleme zu reden. Achten Sie darauf, dass jeder die Regeln beachtet, sie auch für das nächste Mal kennt und darauf eingestellt ist. Sie verfahren immer so, egal, wie schwierig das Problem ist, und unabhängig davon, wer vor Ihnen steht. So bleiben Sie auch in einer aufgeregten Situation der verlässliche Partner, der neutral vermitteln kann im Interesse des Teams und des Produkts. Treffen Sie erst im Dreiergespräch Ihre Entscheidung und begründen Sie diese so, dass Ihre Mitarbeiter sie nachvollziehen können. Schreiben Sie alles auf, und vergessen Sie niemals, auch mindestens einmal erkennbar zu kontrollieren, ob beide Parteien die Regeln einhalten.

Sie können auch versuchen, die beiden Parteien jeweils zu einem gemeinsamen Mittagessen (auf Firmenkosten) zu überreden. Wenn der Erfolg Ihres Teams entscheidend von der fruchtbaren Zusammenarbeit dieser beiden unersetzlichen Personen abhängt, können Sie sich auch zu dritt verabreden, wobei Sie dann die Moderation des Geprächs haben und wieder private Dinge nicht angesprochen werden. Der Erfolg solcher Treffen ist fraglich. Sie kosten alle Beteiligten viel (Frei-)Zeit und Energie, und häufig ändern sie weniger als eine einfache und klare Absprache.

Zwischen der Unterhaltungschefin eines Privatfernsehsenders und ihrem Sendungsmoderator hatte es immer wieder Streit gegeben. Der Moderator warf der Unterhaltungschefin vor, sie würde für seine Sendung nur uninteressante Themen auswählen. Die Unterhaltungschefin hingegen behauptete aggressiv, dass die Präsentation des Moderators minderwertig sei, weil er auf dem Bildschirm ungepflegt und inkompetent wirke. Der Moderator seinerseits sah sich als Opfer schlechter Moderationstexte, die die Unterhaltungschefin redigieren müsse. Das gesamte Team war auf eine gute Zusammenarbeit der beiden «Streithähne», die sich auch laut vor anderen stritten, jedoch angewiesen. Der Moderator hatte eine gute Zuschauerquote und die Unterhaltungschefin war «preiswert» eingekauft worden und machte Überstunden, ohne sich zu beschweren. Um diese Position neu zu besetzen, hätte der Chefredakteur erheblich mehr Gehalt zahlen müssen und so sein Budget überzogen. Also wurde ein Abendessen zu dritt organisiert, das auch dank der Anwesenheit des Chefredakteurs entspannt wirkte. Danach sollten sich Moderator und Unterhaltungschefin auch einmal allein zum Mittagessen verabreden. Dieser Termin allerdings fand nie statt. Und obwohl jetzt beide Parteien den Konflikt nicht mehr offen austrugen, gab es immer noch keine echte Zusammenarbeit. Dienst nach Vorschrift für die Unterhaltungschefin, denn Sie war den Moderator, den sie für minderwertig hielt, nicht losgeworden. Der Moderator entwickelte sich nicht weiter, sondern stagnierte, machte häufig Fehler, weil er sich unter ständiger Beobachtung wusste. Alle Versuche des Chefredakteurs, zu vermitteln, misslangen. Denn obwohl von beiden Seiten fachliche Gründe für die Auseinandersetzungen vorgeschoben wurden, kam schließlich doch der wahre Grund heraus. Der Moderator kam einfach nicht damit zurecht, dass seine direkte Vorgesetzte eine Frau war, und die Unterhaltungschefin hielt den Moderator für einen Macho, der ihre Kompetenz infrage stellte. Der Konflikt war nicht zu entschärfen, denn beide Mitarbeiter waren unersetzlich für den Chefredakteur. Die Konsequenz war, dass einfach nichts passierte und beide auf ihren Positionen mit klaren Verhaltensauflagen weiterarbeiten mussten.

Das ist ganz deutlich eine belastende Situation für ein Team, denn jeder Mitarbeiter sieht und beobachtet den Konflikt. Die Spaltung des Teams in zwei Lager ist unumgänglich. Denn die einen sagen: «Der Moderator ist im Recht, die Texte sind wirklich fehlerhaft und langweilig.» Und die anderen meinen: «Was bildet sich der Typ überhaupt ein! Immerhin ist die Unterhaltungschefin seine Vorgesetzte.» Eigentlich wäre es an der Unterhaltungschefin gewesen, hier Überlegenheit zu zeigen und tolerant zu sein. Denn sie steht in der Teamhierarchie über dem Moderator, der nur Ausführender ist. Allerdings ermöglicht es ihr die jetzige Position auch nicht, den Moderator zu entlassen. Sie kann also an der Tatsache nichts ändern. Aber es ist ihre Pflicht, die gespannte Atmosphäre der verfahrenen Situation zu verbessern. Und natürlich wäre es vor allem die Aufgabe des Chefredakteurs gewesen, ihr das auch deutlich zu machen. Der Chefredakteur aber unterließ dies und gab ihr somit auch nicht die Chance, das Verhalten zu ändern. Die Folge für die Unterhaltungschefin war katastrophal: Ihr wurde deutlich gemacht, dass sie keine weitere Aufstiegschance hatte und ihre jetzige Position Endstation in diesem Unternehmen war. Die Konsequenz für das Produkt allerdings war auch verheerend. Nach dieser Information war die Motivation der Unterhaltungschefin im Keller. Sie machte keine einzige Überstunde mehr und vernachlässigte wichtige Teamaufgaben, wie zum Beispiel die Förderung des Nachwuchses.

Was tun, wenn es keine gute Lösung gibt?

Tatsächlich wäre in diesem Fall die Entscheidung klüger gewesen, für einen der beiden Mitarbeiter eine neue Stelle zu finden, denn der Schaden wäre geringer gewesen und das Produkt hätte nicht darunter gelitten. Wenn also persönliche und Einstellungsprobleme den Sachkonflikt überlagern, und zwar schon von vornherein, haben Sie kaum eine Chance, den Streit zu schlichten. Dann hilft nur, Distanz zu schaffen. Setzen Sie die beiden Parteien in unterschiedliche Räume und versuchen Sie, ihnen Aufgabenbereiche zu übertragen, die sich möglichst wenig überschneiden. Wenn das Betriebsklima durch diesen Streit weiterhin leidet, kommen Sie nicht umhin, einem der beiden Mitarbeiter zu kündigen. Denn das Wohl Ihres Teams muss für Sie an erster Stelle stehen. Erst an zweiter Stelle steht Ihr Interesse für das Wohl des Einzelnen.

Überhaupt sind persönliche Abneigungen wegen unterschiedlicher Wertevorstellungen nur schwer aus der Welt zu schaffen. Es steht nun einmal niemandem zu, einem anderen Vorschriften für sein privates Handeln zu machen. Dennoch gibt es Betriebe, die so etwas versuchen.

So hat sich zum Beispiel die deutsche Niederlassung eines Computerherstellers entschlossen, eine klare Regel aufzustellen: Kein Mitarbeiter, egal ob fest angestellt oder frei, darf ein Verhältnis mit einem anderen Mitarbeiter haben. Denn so etwas sorgt für Unruhe, Tratscherei, Hahnengebaren und Konkurrenzhackerei. Mit einem Wort, Verhältnisse im Betrieb schaffen Streit. Nach anfänglichem Erfolg stellte sich bei dem Computerhersteller heraus, dass es trotz dieser Regel zu Beziehungen kam, dass diese aber einfach über Monate geheim gehalten und immer wieder geleugnet wurden. So gab es in dieser Firma einige Treppenhäuser, die in Pausenzeiten für solche Pärchen sehr beliebte Anlaufstation waren. Damit war der Nährboden für üble Nachrede, Belustigung und Intrigen natürlich äußerst fruchtbar, und es wurde von einigen Mitarbeitern fast als Sport angesehen, ein Verhältnis möglichst lange unerkannt zu halten. Wurde die Beziehung bekannt, dann wurde in der Regel einer der beiden vom Vorgesetzten gebeten, sich eine neue Arbeitsstelle zu suchen. Das ging so lange gut, bis der Chefentwickler eine Kollegin heiratete. Wenn Sie berücksichtigen, dass sich mehr als 60 Prozent aller deutschen Ehepaare am Studien-, Ausbildungs- oder Arbeitsplatz kennen lernen, ist das auch nicht weiter verwunderlich. Aber bei diesem Computerhersteller sorgte die Heirat für großen Wirbel, denn der Chefentwickler und seine Frau arbeiteten beide völlig unbehelligt weiter. Die Mitarbeiter waren so aufgebracht, dass die Geschäftsführung nicht lange danach die Regel offiziell aufhob.

An dieser Art von Streit und Frust führt wohl kein Weg vorbei. Weisen Sie aber Ihre Mitarbeiter darauf hin, dass Sie keine Arbeitsverschlechterung hinnehmen werden. Denn wenn eine Beziehung in die Brüche geht, ist die Zusammenarbeit von zwei Expartnern oft nicht mehr möglich. Versuchen Sie, die beiden Kollegen schnell räumlich voneinander zu trennen. Versetzen Sie mit dessen Zustimmung einen der beiden in eine andere Abteilung, besser noch in eine Niederlassung oder Filiale an einem anderen Ort. Oder versuchen Sie, einen Mitarbeiter in einer anderen Firma unterzubringen. Für diesen Fall können wir Ihnen keine einfachere Lösung anbieten.

Wenn es eine Schwierigkeit oder einen Konflikt gibt, der Ihr gesamtes Team betrifft, machen Sie nicht den Fehler und beraumen Sie ohne Vorbereitung ein Gruppentreffen an. Es gibt tatsächlich so eingefahrene Fehler und Streitigkeiten in einem Team, dass diese kaum zu lösen sind. Für diesen Fall können Sie einen der oben erwähnten Klärungshelfer entweder über den Fachbereich Psychologie einer Universität holen oder aber über eine Personalberatungsfirma hinzuziehen. Er wird als neutraler und geübter Moderator die Diskussion in einer Gruppe lenken können, innerhalb einiger Tage eine Lösung erarbeiten und auch zur Nachkontrolle in Ihren Betrieb kommen. Sie aber sind kein ausgebildeter Psychologe. Die Gesprächsführung im Team ist äußerst kompliziert und birgt so viele Fallen, dass Sie die Finger davonlassen sollten. Der Schaden kann unüberschaubar groß und irreparabel sein, denn unter Umständen büßen Sie Ihre Glaubwürdigkeit nachhaltig ein. Gehen Sie auch hier auf Nummer sicher und arbeiten Sie nach dem Plan «Einzelgespräche». Machen Sie sich Notizen, holen Sie sich jedes Teammitglied einzeln in Ihr Büro. Geben Sie sich selbst ausreichend Zeit, um Entscheidungen zu treffen, und teilen Sie diese jedem einzeln im Gespräch mit. Sie gewinnen Zeit, hören jeden Standpunkt und entscheiden, wann und wie Sie es für richtig halten.

Wir haben uns entschlossen, das Thema «sexuelle Belästigung» am Arbeitsplatz auszuklammern. Die Dunkelziffer sexueller Belästigungen und Übergriffe, ob nun verbal oder körperlich, wird in deutschen Unternehmen als relativ hoch eingeschätzt und trifft Frauen wie auch Männer. Aus vielerlei Gründen wird nur ein Bruchteil dieser Vorfälle gemeldet. Die beruflichen und privaten Konsequenzen sind eigentlich immer außerordentlich gravierend. Ein derartiger Fall wird Sie mit großer Sicherheit überfordern. Sprechen Sie deshalb Ihren Vorgesetzten an. In vielen Unternehmen gibt es für diese Konflikte spezielle Regeln oder sogar Beratungspersonen.

Das Ganze nochmal – aber kurz

Was ist ein Konflikt, wo findet er statt?

Bei einem Konflikt müssen Sie spätestens zu vermitteln beginnen, wenn der «point of no return» erreicht ist. Die Spannung zwischen zwei Parteien ist dann so groß, dass sie sich in einer Im- oder Explosion mindestens einer Partei entlädt.

1. Ein Konflikt ist bereits vorhanden, wenn lediglich eine Person in einer Situation am Arbeitsplatz eine Spannung fühlt.
2. Spannungen und Konflikte gibt es überall, wo unterschiedliche Menschen mit unterschiedlichen Persönlichkeiten, Zielen, Wertevorstellungen miteinander umgehen – also auch im Job.
3. Konflikte entstehen um etwas, von dem es nur wenig gibt (Titel, Anerkennung, Geld).
4. Sie als Führungskraft lösen den Konflikt sachbezogen, damit alle Parteien wieder ihrer Arbeit nachgehen können und das Team sein (Arbeits-)Ziel erreicht.

Es gibt Sach- und Beziehungskonflikte. Diese beiden Ebenen müssen Sie voneinander trennen. Dieses tun Sie im Gespräch, für das Sie folgende Voraussetzungen mitbringen sollten:

- Sie müssen als Persönlichkeit in sich ruhen und sind unbedingt so selbstsicher, dass Sie sich niemals von Ihrem Mitarbeiter persönlich und emotional angegriffen fühlen.
- Ihr Mitarbeiter ist nicht Ihr Leibeigener oder Untergebener. Und deswegen erwarten Sie auch nicht blinden Gehorsam und Koffertägerei.
- Der Mitarbeiter wird von Ihnen als Teammitglied akzeptiert und ist daher auch Partner bei der Arbeit. Deswegen fühlt sich Ihr Gegenüber auch nicht als Opfer Ihrer willkürlichen Entscheidung oder Anordnung.

– Der Mitarbeiter weiß, dass Sie ihm erst einmal zuhören, ohne zu bewerten.
– Der Mitarbeiter weiß, dass Sie sich um eine gerechte Entscheidung und Lösung des Konfliktes bemühen.

Gespräche, um Konflikte zu lösen

Einzelgespräch mit Partei 1

– Sie legen Regeln fest: keine persönlichen Beleidigungen, keine üble Nachrede.
– Sie werden nicht sofort Position beziehen oder eine Entscheidung treffen, Sie werden auch keine wertende Äußerung machen.
– Sie werden sich in dieser Sache die Gegenseite anhören.
– Sie werden sich zu dritt treffen und das Problem besprechen.
– Sie machen keine Versprechungen oder Zusagen.

Einzelgespräch mit Partei 2

– Sie legen auch hier die Regeln fest: keine Beleidigungen und keine üble Nachrede.
– Sie wiederholen, was Sie von Partei 1 gehört haben, und bitten um Stellungnahme.
– Sie beziehen noch immer keine Position.
– Sie treffen keine Entscheidung.
– Sie machen keine Zusagen.
– Sie werden sich zu dritt treffen.

Dreiergespräch mit Partei 1 und 2

– Regeln: auch weiterhin keine Beleidigungen.
– Sie alle werden versuchen, sachlich zu bleiben.

- Sie wiederholen die Vorwürfe und fragen jeweils nach, ob Sie alles richtig dargestellt haben.
- Sie bitten um eine Selbstlösung des Konfliktes, jetzt gleich hier im Büro.
- Sie legen gemeinsam Regeln fest, wie weiter verfahren wird (Büroregelung, Arbeitszeiten, Projekte).
- Sie protokollieren die Ergebnisse.
- Sie vereinbaren sofort einen Termin, um zu kontrollieren, dass die Regeln von beiden Parteien eingehalten werden (ca. einen Monat).

Damit Sie möglichst schon Konfliktsituationen erahnen und vorher reagieren können oder sich auf einen Streit vorbereiten können, überlegen Sie,
- welche Rollen im Team Reibungspunkte aufweisen und wie die betreffenden Mitarbeiter miteinander auskommen,
- wo sich Kompetenzbereiche überschneiden und wie die Kollegen damit umgehen,
- welcher Mitarbeiter extrem hohe Ambitionen hat,
- welcher Mitarbeiter besonders frustriert und perspektivlos wirkt,
- ob sich eines der Teammitglieder in die Position des Sündenbocks hineindrängen lässt,
- wie sich die private Situation Ihrer Mitarbeiter darstellt (Scheidung, Kinder, Single).

Ein gutes Team lebt. Gerade deswegen ist es so erfolgreich. Ihre Mitarbeiter werden sich selbst, ihre Arbeit und ihre Fähigkeiten neu kennen lernen. Natürlich werden Veränderungen nicht ausbleiben, sie sind vor allem eine große Chance zur Verbesserung. Rollen werden getauscht, Zuordnungen und Arbeitstechniken verändern sich ebenfalls. Mitarbeiter wollen umsteigen, aussteigen, aufsteigen, und andere wollen einsteigen. Sie entscheiden oder sprechen Empfehlungen aus, wie sich das Team neu aufstellen soll. Sie erfahren, wie Sie Ihre Mitarbeiter zu Veränderungen motivieren und welche Fehler Sie nicht machen sollten.

Veränderungen sind gut

Im Lauf unseres Lebens verändert sich ständig etwas: Mit 20 ist der Bauch noch flach, was sich dann mit 40 oder mit 60 Jahren sehr häufig ganz deutlich ändert. Unser Wissen und unsere Erfahrungen wachsen, und damit ändern sich auch Interessen und Lebenseinstellung. Unsere komplette Persönlichkeit kann sich aufgrund von Erfahrungen und außerordentlichen Situationen verändern. Das, was uns gestern wichtig und vordringlich erschien, kann im Licht neuer Kenntnisse heute ganz anders bewertet werden. Kurzum: Veränderungen begleiten unseren Alltag. Und damit auch unser Berufsleben.

Veränderungen sind grundsätzlich nichts Bedrohliches oder Gefährliches. Das ist auch im Berufsleben so. Es ist einfach ein Umstand, an dem man nicht vorbeikommt. Denn auch für den eigenen Job gilt: Das, was mich noch vor zwei Jahren interessiert und «gekickt» hat, hängt mir vielleicht jetzt zum Hals heraus und ödet mich an. Warum? Weil ich mehr darüber weiß! Ich habe bessere Kenntnisse, ich durchschaue, warum Abläufe nun einmal so sind, warum welcher Mitarbeiter an welcher Stelle sitzt. Ich weiß, wie hoch ich steigen kann und wo Schluss ist. Ich habe alle Fehler durchgespielt und meine Leistung verbessert. Konsequenz? Eine Veränderung muss her! Zum Beispiel ein neuer Arbeitgeber. Eine Veränderung, die zwar auf den ersten Blick etwas Bedrohliches hat, weil ich mich auf etwas einlasse, von dem ich nicht weiß, wohin es mich bringen wird. Auf den zweiten Blick eröffnet sich aber auch eine neue Chance. Ich bekomme ein neues Umfeld, eine andere Aufgabe und dadurch vielleicht einen neuen «Kick», vielleicht aber auch einfach nur wieder Spaß an meiner Arbeit.

Genauso gibt es auch in einem Unternehmen Veränderungen. Firmen ändern laufend ihre Produkte und/oder deren Erscheinungsbild – und sei es nur, dass sie die Verpackung ein und desselben Produkts modifizieren. Das gilt für Kaffee, Parfüm und Plastiktüten wie auch für Kleidung, die sich der jeweiligen Mode anpasst, aber auch für das «Produkt» Tagesschau oder ein Hörfunkprogramm. Die Ziele, in einem immer umfangreicher und härter werdenden Wettbewerb einerseits die Kosten zu senken, andererseits mehr zu verkaufen und dadurch den Umsatz zu steigern, liefern die Gründe, weswegen unternehmerische Veränderungen vorgenommen werden, selbst wenn diese kurzfristig Kosten verursachen. Der «Markt» fordert diese Veränderungen, denn Trends und Vorlieben, die das Konsumverhalten maßgeblich beeinflussen, unterliegen einem Zeitgeist, der sich natürlich auch ständig

verändert. Das gilt für unterschiedliche Kleiderlängen, Musik-
strömungen wie auch für die Lagerung von Produktbestän-
den. Während vor nicht allzu langer Zeit jedes produzierende
Unternehmen die dazu erforderlichen Materialvorräte für
Wochen vor Ort lagerte, ist heute als Folge von Veränderungen gang und gäbe, die Warenlager auf der Straße zu bewegen. «Just in time» lautet das Stichwort, um die Produktion
zum Beispiel von Autos ganz schnell auf die Nachfrage einzustellen, ohne riesige Materiallager bauen zu müssen. Nicht zuletzt deshalb quält sich der genervte Autofahrer heute mehr
oder weniger häufig durch die Lkw-Kolonnen auf Autobah-
nen und Landstraßen.

Unternehmen, die es verpassen, sich marktgerecht zu verändern, geraten unweigerlich in Existenzgefahr.

Beispielsweise gab es in Deutschland ein Unternehmen, das mit viel
Gründer- und Pioniergeist dadurch erfolgreich und groß wurde, dass es
die so genannte mittlere Datentechnik marktfähig machte. So wurde es
vor allem mittelständischen Unternehmen möglich, die EDV für ihre speziellen Belange in großem Umfang zu nutzen. Der Gründer des Unternehmens war nicht nur Motor dieses Erfolges, sondern auch der uneinge-
schränkte Entscheider in der Firma. Selbst als aus dem mittelständischen
Unternehmen eine börsennotierte Aktiengesellschaft mit mehreren tau-
send Mitarbeitern geworden war, liefen alle wichtigen Entscheidungen
auf ihn zu, den Vorstandsvorsitzenden. Nun wäre diese Erfolgsgeschichte
sicher weitergeschrieben worden, wenn nicht ein amerikanisches Unternehmen ein PC-Betriebssystem entwickelt hätte, das über die Nutzung
eines «Heimcomputers» oder einer besseren elektronischen Schreibma-
schine hinausging. Der Vorstandsvorsitzende der betroffenen Firma setzte
jedoch weiter auf seine bewährten Produktfamilien, die er sogar durch
zusätzliche Anwendungsmöglichkeiten ausbaute. Er glaubte einfach nicht
daran, dass mit einem PC alle für Unternehmen erforderlichen Anwen-

dungen realisierbar waren. Auch nach dem plötzlichen Tod des Unternehmensgründers veränderte der neue Vorstand diese Produktstrategie nicht. Mittlerweile bot auch diese Firma PC in der Produktpalette an, sie wurden aber von einem anderen Hersteller gekauft und nur mit einem neuen Gehäuse ausgestattet. Der Ausgang des Ganzen ist bekannt: Der Siegeszug des PC ließ sich nicht aufhalten. Die mittlere Datentechnik wurde durch umfangreiche PC-Netzlösungen und immer ausgeklügeltere Anwenderprogramme vollständig ersetzt. Einige Jahre später musste das Unternehmen feststellen, dass es von der Konkurrenz schlichtweg abgehängt worden war. Nur dem Umstand, dass neben den traditionellen Produktfamilien auch erfolgreich Telefon- und Kassensysteme hergestellt wurden, war es zu verdanken, dass sich ein Großkonzern für das Unternehmen interessierte und es aufkaufte. Allerdings verloren wegen dieses dauerhaften Unvermögens zur Veränderung die meisten Mitarbeiter der Firma ihren Job.

Nicht nur Vorstände und Firmenchefs müssen darauf gefasst sein, dass sich etwas verändert. Auch für alle Mitarbeiter und natürlich für Sie als Teamleiter ist dieses Bewusstsein überlebenswichtig. Aufgabenfelder können hinzukommen oder wegfallen. Es kann sein, dass Ihr Team selbst oder Sie von außen darauf aufmerksam gemacht werden, dass es Verbesserungsbedarf bei Ihnen gibt. Ebenso kann es passieren, dass in Ihrem Unternehmen neue Entlohnungsgrundsätze erarbeitet oder ein Zielvereinbarungssystem eingeführt werden soll. Auch die Mitarbeiter können sich verändern. Der eine macht etwas aus dem von Ihnen erkannten und geförderten Potential, er bekommt eine andere Aufgabe im Unternehmen, wird vielleicht auch Führungskraft und damit Ihr Kollege auf gleicher Ebene. Ein anderer möchte weiterkommen und bewirbt sich erfolgreich bei einem anderen Unternehmen, weil er in Ihrer Firma keine Aufstiegschancen hat. Ein dritter

Mitarbeiter wiederum tritt in den Ruhestand. Die frei gewordene Stelle wird aus Kostengründen nicht mit einer vollwertigen Fachkraft, sondern mit einer Teilzeitkraft, einer Aushilfe oder gar nicht mehr besetzt. Sie selbst oder Mitarbeiter Ihres Teams arbeiten an einem wichtigen Projekt mit und investieren dafür den Großteil Ihrer Arbeitszeit. Vielleicht ergibt sich aus dem Projektergebnis gar die Notwendigkeit zum Aufbau einer neuen Abteilung oder Fachgruppe. Und da Sie für dieses Projekt federführend sind, soll der Personalstamm dieser neuen Organisationseinheit aus Ihrem Team gebildet werden. Diese Aufzählung ist kein Horrorszenario, sondern vielmehr eine unvollständige Liste, die einige wichtige Felder beschreibt, in denen Veränderungen stattfinden können. Es ist ganz normal, dass sich Arbeitsumstände verändern – auch für Sie als Führungskraft. Zum Horrorszenario werden manche dieser Veränderungen allerdings dann, wenn Sie nicht flexibel genug sind, in jeder Veränderung vor allem Positives für sich selbst und Ihr Team zu erkennen! Wer schwarz malt und von vornherein sagt, dass etwas Neues ja gar nicht funktionieren kann, gibt einer Veränderung noch nicht einmal eine Chance. Wer meckert und einfach zu behäbig ist, überhaupt eine neue Situation im Geist durchzuspielen und vor allem Vorteile daraus für sich und das Team zu erarbeiten, bleibt Mitläufer und vertut die Möglichkeit, gerade in diesem Moment vielleicht auch eine Verbesserung des Ist-Zustands zu forcieren. Es ist, wie bei den anderen beschriebenen Faktoren für eine erfolgreiche Teamführung, auch beim Veränderungsmanagement vor allem Ihre individuelle Einstellung, die dafür sorgt, dass die Umsetzung klappt – oder eben nicht. Ein weiterer Blick auf die bereits bekannte wissenschaftliche Untersuchung zeigt, wie dürftig es um das

Vermögen zum Veränderungsmanagement in deutschen Betrieben steht:

50% der Führungskräfte beteiligen ihre Mitarbeiter nicht oder nur gelegentlich an Entscheidungen, die ihr gesamtes Team betreffen. Nur 47% der Vorgesetzten gehen häufig oder immer auf Vorschläge und Anregungen ein, die aus der Gruppe kommen, und setzen sie um. Ebenso viele Führungskräfte diskutieren bestenfalls manchmal wichtige Sachverhalte mit ihren Mitarbeitern. Und nur gerade einmal 28% der Führungskräfte motivieren ihr Team als Ganzes, etwa durch gemeinsames Feiern von Erfolgen, sorgen also für ein ausgeprägtes «Wir-Gefühl».

Sie wollen ein guter Teamchef sein, also brauchen Sie auch die richtige Einstellung neuen Situationen gegenüber: Bewerten Sie Veränderungen grundsätzlich zuerst einmal positiv. Üben Sie sich darin, Chancen, die sich aus Veränderungen ergeben, zu erkennen. Auch das ist eine Voraussetzung dafür, dass aus Ihrem Team eine lernende Organisation wird!

Veränderung von Arbeitsabläufen

Ein Kunde ruft in Ihrem Team an und fragt, warum er noch nicht die für heute zugesagte Lieferung erhalten hat. Ihr Chef lässt bei Ihnen nachfragen, warum Sie noch nicht zum Donnerstagsmeeting erschienen sind. Mitarbeiter H. beschwert sich darüber, dass nach seinem Urlaub ein heilloses Durcheinander auf seinem Schreibtisch herrscht. Ein Bewerber telefoniert mit Ihnen und fragt, warum er nach drei Wochen Wartezeit noch immer keinen Bescheid bekommen hat. Eine Kollegin der Vertriebsabteilung reklamiert, dass Sie ihr das Protokoll der falschen Projektsitzung zugeschickt haben. Das gesamte Team beklagt sich bei Ihnen, dass Entscheidungen häufig vertagt werden, weil Sie so oft in Besprechungen sind. Jedes dieser Beispiele ist für sich gesehen vielleicht nicht sonderlich spektakulär. Sie werden denken: «Ich sollte einmal meine persönliche Arbeitstechnik verbessern.» Sie ruhen sich darauf aus, dass es in Ihrem Unternehmen ein Qualitätsmanagement gibt, Ihre Firma nach den Grundsätzen von Kaizen, DIN ISO 9000 ff. oder dem Kontinuierlichen Verbesserungsprozess (KVP) arbeitet – und Sie wenden sich wieder der Tagesarbeit zu. Seien Sie sich sicher, dass es sich bei all diesem Miniaturärger, den Beschwerden, dem Berg von Kleinkram, den Sie nicht erledigt bekommen, um Signale handelt, die Ihnen sagen, dass Sie etwas ändern müssen in Ihrem Team. Mit etwas Pech befinden Sie sich in einer heiklen Situation. Denken Sie daran, dass Sie erst einmal viele kleine Infarkte durchleben, die Sie überhaupt nur partiell wahrnehmen, bevor es zum Herzinfarkt kommt. Sie als Teamchef sind auch dafür verantwortlich, dass im Sinne eines «Wir-Gefühls» alle Mitarbeiter davon überzeugt sind, dass bei Ihnen wirklich alles unternommen wird, um die gesteckten Ziele zu erreichen, und dass Sie die Arbeitssituation und das Team vernünftig und kompetent im Griff haben.

Dies dachte auch der Inhaber und Geschäftsführer einer EDV-Beratung. In jahrelanger Arbeit hatte er sich einen respektablen Kundenstamm zugelegt. Bekannte Unternehmen schätzten vor allem seine exakten Expertisen und Projektberichte. Im Laufe der Zeit wurden weitere Berater und Innendienstmitarbeiter eingestellt, die zunehmend mit der vorhandenen Arbeit ausgelastet waren. Allerdings nahm dadurch die Zufriedenheit der Mitarbeiter nicht zu, sodass man schließlich eine Personalberatungsfirma hinzuzog, um etwas daran zu ändern. Nach einigen Treffen kam das wesentliche Problem für die mangelnde Zufriedenheit auf beiden Seiten ans Licht. Der

Geschäftsführer klagte darüber, dass seine Projektleiter ihn nicht bei der Akquisition entlasteten und die Projektberichte nicht kundengerecht erstellten, sodass für ihn viel Nacharbeit notwendig sei und er sich nun einmal nicht hundertprozentig auf seine Mitarbeiter verlassen könne. Die Projektleiter hingegen bemängelten, dass sie kaum die Möglichkeit hätten, allein, ohne ihren Chef, zu potentiellen Kunden zu fahren, um Verkaufsgespräche zu führen. Außerdem würden die meisten Projektberichte nicht zeitgerecht vom Geschäftsführer fertig gestellt, da er zu oft unterwegs sei und sich die Endredaktion selbst vorbehalte. Dadurch würden sich massenhaft Überstunden am Abend oder sogar am Wochenende ergeben. Die Signale für den Veränderungsbedarf waren deutlich zu erkennen. Der Geschäftsführer war sich darüber im Klaren, dass er zum Flaschenhals bei der Projektbearbeitung geworden war. Das eigentliche Problem war hier der fehlende Know-how-Transfer zu den Projektleitern, die ja gerne mehr Verantwortung übernehmen wollten, dazu aber mehr Wissen und Erfahrung brauchten. Daraufhin wurden die Arbeitsprozesse neu definiert und in einem Organisationshandbuch für alle einsehbar aufgeschrieben. Der Geschäftsführer bemühte sich auch um Umsetzung, aber bald war alles wieder beim Alten. Trotz entsprechender Hinweise seines Beraters konnte er einfach nicht verstehen, dass der Schlüssel zur Problemlösung allein bei ihm lag.

Wenn Sie also Signale der Unzufriedenheit wahrnehmen, dann sollten Sie ihnen sofort nachgehen. Übrigens, möglichst ohne dass Sie sich angegriffen fühlen. Auch für den Fall, dass tatsächlich Sie der Grund für Störungen im Team sind, sind Sie ja bereit, der Sache auf den Grund zu gehen. Und damit tun Sie einen Schritt in die richtige Richtung. Unfehlbarkeit kann niemand von Ihnen erwarten, aber die Souveränität, Veränderungsbedarf und vielleicht auch eigene Fehler einzugestehen und nach Lösungen zu suchen. Nehmen Sie sich die Zeit und setzen Sie sich mit allen Mitarbeitern zusammen, die das erkannte Problem betrifft, um Lösungsmöglichkeiten zu entwickeln. Bitte tun Sie das unbedingt in Einzelgesprächen, damit Sie sich nicht der Dynamik einer Gruppenhysterie oder -depression gegenübersehen. Stellen Sie sich in den Gesprächen ausdrücklich auch selbst der Kritik und geben Sie eigene Fehler und Unterlassungen offen zu. Zeigen Sie, dass es Ihnen wirklich nicht darauf ankommt, den oder die «Schuldigen» zu finden und zu «bestrafen», sondern die internen Abläufe zu verbessern. Erst nach den Einzelgesprächen folgt ein Gruppengespräch. Zeigen Sie Ihren Mitarbeitern auf diese Art, dass Fehler nicht aus Angst vertuscht oder unter den Teppich gekehrt werden müssen, sondern ein Signal dafür sind, an welcher Stelle noch etwas verbessert werden kann! Nutzen Sie bei diesen Gesprächen am besten wieder die Ihnen schon bekannte Technik:

– Sprechen Sie das bekannte Problem klar und deutlich an. Sagen Sie, was passiert ist und was genau der Fehler war. Dies schreiben Sie für alle Beteiligten sichtbar auf ein Blatt auf dem Flipchart.

– Ermitteln Sie in einem offenen Dialog mit Ihren Mitarbeitern die möglichen Ursachen, die zu diesem Problem geführt haben. Achten Sie dabei aber darauf, dass daraus kein Verhör einzelner Mitarbeiter oder eine Aneinanderreihung von persönlichen Vorwürfen entsteht. Es geht nicht darum, den «Schuldigen» an den Pranger zu stellen, sondern festzustellen, welche Arbeitsabläufe nicht zielgerichtet waren.

– Im dritten Schritt machen Sie am besten ein Brainstorming: Fragen Sie Ihre Mitarbeiter, wie das Problem am besten gelöst werden kann. Grundsatz beim Brainstorming ist, dass jede Äußerung zunächst kommentarlos protokolliert wird. Jede Antwort gilt! Geben Sie Ihren Mitarbeitern zunächst 5 bis 10 Minuten Bedenkzeit, sodass sich niemand überfahren fühlt. Die Lösungsvorschläge schreiben Sie wieder auf das Flipchart. Auch Sie sollten Ihre Vorstellungen zu Protokoll geben.

- Jetzt fangen Sie an, die Lösungsvorschläge einzeln im Hinblick darauf zu bewerten, inwieweit sie realistisch und geeignet sind, das Problem zu lösen. Dazu erstellen Sie am besten eine Liste von Vorzügen und Nachteilen und verfeinern diese laufend. Auch dabei sollten Sie versuchen, Grundsatzdebatten zu vermeiden.

- Als vorletzten Schritt müssen Sie sich für einen Weg entscheiden, um das Problem zu lösen. Hierbei sollten Sie vor allem darauf achten, dass Sie oder Ihre Teammitglieder unmittelbar und möglichst sofort handeln können. Schließlich müssen Sie aufpassen, dass durch diesen neuen Arbeitsablauf nicht Probleme an anderer Stelle auftreten. Jetzt geht es also darum, die beste Lösung zu finden und für alle Beteiligten bindend zu vereinbaren. Unter Umständen ist es auch gut, mehrere Vorschläge miteinander zu kombinieren, die besonders viele Vorzüge und nur wenige Nachteile haben.

- Zuletzt vereinbaren Sie für diesen neuen Arbeitsablauf eine Aktionsliste. Hier kann jeder nachlesen, wer ab sofort was wie machen muss, um das Problem künftig zu vermeiden. Schließlich vereinbaren Sie einen Kontrolltermin, bei dem Sie die Umsetzung prüfen werden.

Veränderungen von Aufgaben

Das zweite im Unternehmensalltag bedeutsame Feld von Veränderungen besteht darin, dass sich Aufgaben für Ihr Team ändern: Neue kommen hinzu, andere fallen dafür weg. In jedem Fall erfordern neue Aufgaben, Ziele oder Produktionsabläufe von Ihnen viel Engagement, allerdings immer gepaart mit einer guten Portion Fingerspitzengefühl. Jede Veränderung des Gewohnten macht auch Angst, und so müssen Sie damit rechnen, dass nicht jeder Ihrer Mitarbeiter sofort Feuer und Flamme ist.

Ein Hersteller von Konsumprodukten mit über 600 eigenen Geschäften und weiteren 1500 Verkaufsstellen hatte in seiner Hauptabteilung «Personal» auch eine Trainingsabteilung. Sie war beauftragt, den Weiterbildungsbedarf im Hause zu ermitteln und geeignete Trainingsmaßnahmen anzubieten. Für diese Aufgabe gab es ausgezeichnete Trainer, Berater und Administrationsmitarbeiter. Nun begann dieses Unternehmen, seine Aktivitäten auch in ein benachbartes Land auszuweiten, und gründete dort eine Tochterfirma. Als es jetzt galt, zukünftige Bezirks- und Filialleiter auszuwählen, entschloss man sich, hierfür ein Auswahl-Assessment-Center mit verschiedenen Übungen durchzuführen. Da der Abteilungsleiter der Trainingsabteilung einen guten Draht zu seinem Vorgesetzten hatte, wurde er damit beauftragt, dieses Verfahren in seiner Abteilung vorzubereiten und mit seinen Mitarbeitern durchzuführen, um Kosten zu sparen. Die Angelegenheit hatte jedoch gleich mehrere Haken: Erstens erfordert es erhebliches Spezialwissen, ein solches Auswahlverfahren so zu gestalten, dass es vergleichbare und gültige Ergebnisse bringt. Das Know-how war dafür aber ganz eindeutig nicht vorhanden. Zweitens waren die Mitarbeiter der Trainingsabteilung durch laufende Arbeiten bereits sehr gut ausgelastet, und drittens sollten die Auswahltage an Wochenenden stattfinden. Nun ging es also darum, Mitarbeiter zum Mitmachen zu gewinnen, obwohl die Leute fachlich und zeitlich überfordert waren. Außerdem war die Motivation gering, weil sich hier ein Abteilungsleiter eine Aufgabe besorgt hatte, nicht um seinem Team einen Erfolg zu bescheren, sondern ausschließlich um sich selbst zu profilieren – und das auch noch auf Kosten seiner Mitarbeiter, die nichts als Stress damit hatten und weder auf eine Gehaltserhöhung noch auf eine neue Position hoffen konnten.

Wenn sich Aufgaben verändern, dann geht es für Sie als Führungskraft also vorwiegend darum, Ihre Teammitglieder davon zu überzeugen, dass es sich lohnt, engagiert mitzumachen. Wobei natürlich auch jedem klar sein darf, dass es Ihnen auch um Ihren persönlichen Erfolg geht. Denn nur wenn das Team erfolgreich arbeitet, behalten Sie Ihren Job als Teamleiter. Und daran sollte auch Ihrem Team gelegen sein. Dabei zeigt das vorige Beispiel ganz deutlich, dass Sie als Teamchef nicht nur in Veränderungen hineingezwungen werden, auf die Sie dann nur noch reagieren können. Sie sind hier kein Opfer! Vielmehr sollten Sie im Sinne der «lernenden Organisation» auch immer wieder ernsthaft und eventuell zusammen mit Ihren Mitarbeitern prüfen, ob Sie sinnvollerweise andere oder zusätzliche Aufgaben in Ihrem Team für das Unternehmen lösen können, und dies mit Ihrem Vorgesetzten besprechen. Um Mitarbeiter überzeugen zu können, müssen Sie ihre Stärken und Schwächen und ihre Einstellung zur Arbeit kennen. In den vorangegangenen Kapiteln haben wir Ihnen Techniken beschrieben, wie Sie dies alles herausfinden. Bevor Sie also Ihre Mitarbeiter über die Veränderungen informieren, sollten Sie sich anhand der folgenden Fragen vorbereiten:

1. Welche Veränderungen bringt die neue oder zusätzliche Aufgabe für das Team insgesamt?
2. Welche Chancen ergeben sich durch diese Veränderungen für das Team und/oder seine Mitglieder?
3. Welche Kompetenzen bzw. Erfahrungen sind vor allem gefordert, um die neuen Aufgaben erfolgreich zu bewältigen?

4. Welche(s) Teammitglied(er) verfügt (verfügen) über diese Kompetenzen und Erfahrungen? Wer hat wahrscheinlich noch Interesse daran, an dieser neuen Aufgabe mitzuwirken?
5. Welche Maßnahmen müssen ergriffen werden, um diese Teammitglieder zu unterstützen bzw. zu entlasten?
6. Was mache ich, wenn von den Mitarbeitern Widerstände geäußert werden oder keine Bereitschaft zur Mehrarbeit vorhanden ist?

Für den Fall, dass in Ihrem Team Spannungen nun mal zur Normalität gehören, wenn Postengerangel und Kompetenzstreitigkeiten an der Tagesordnung sind, und wenn Sie ganz einfach ein hohes Maß an Konkurrenz brauchen, um Ihre Teamaufgabe zu erfüllen, beginnen nun die Einzelgespräche. Dabei testen Sie aus, ob der Mitarbeiter, den Sie für eine bestimmte Aufgabe vorgesehen haben, auch dazu bereit wäre, diese zu übernehmen. Und außerdem schauen Sie, ob vielleicht ein Mitarbeiter, den Sie schon am Rand seiner Leistungsgrenze gesehen haben, vielleicht doch überraschend Begeisterung zeigt und noch Potential hat. Machen Sie keine Versprechungen, die Sie nicht halten können! Aber machen Sie auf der anderen Seite bei der Aufgabenverteilung für ein neues Projekt auch nicht die Rechnung ohne den Wirt. Sie können nicht davon ausgehen, dass Ihr Wunschkandidat sofort aufspringt und «Ja» ruft. Durch Einzelgespräche und «Vortasten» ersparen Sie sich die Peinlichkeit, dass Ihr Vorschlag in einer Teambesprechung vom Mitarbeiter ihrer Wahl abgelehnt wird. Gerade bei einem Team, in dem Sie Neider haben, müssen Sie solchen Stolpersteinen aus dem Weg gehen.

Wenn Sie ein wirklich homogenes Team haben, in dem es keine Hackordnung gibt und in dem alle Mitarbeiter mit Ihren Aufgaben- und Kompetenzbereichen ziemlich zufrieden sind, können Sie nach einer Vorbereitung (siehe oben) Ihr Team möglichst schnell und vollzählig zur Teambesprechung bitten. Informieren Sie Ihre Mitarbeiter über die bevorstehenden Veränderungen und vor allem über die Gründe im Einzelnen, die sie notwendig oder sinnvoll machten. Erklären Sie Ihren Mitarbeitern aber auch, welche allgemeinen Konsequenzen diese neuen Aufgaben für das Team mit sich bringen und welche Chancen sich ergeben. Danach präsentieren Sie Ihren Mitarbeitern Ihren Lösungsvorschlag. Fragen Sie Ihre Mitarbeiter nach ihrer Meinung und – noch wichtiger – nach ihren Verbesserungsvorschlägen. Geben Sie Ihren Mitarbeitern hierfür Zeit und bilden Sie vielleicht auch kleine Gesprächsgruppen. Wichtig ist, diese Verbesserungsvorschläge gemeinsam und ernsthaft zu prüfen. Dabei gehen Sie am besten wieder so vor wie oben beschrieben. Auch hierbei ist es natürlich wichtig, mit konkreten, für jeden Beteiligten nachvollziehbaren und kontrollierbaren Vereinbarungen zu arbeiten, die ganz eindeutig festlegen,

– wer zukünftig welche Aufgaben zu tun hat,
– welche Art der Unterstützung (Schulung, Training, Coaching) die Mitarbeiter zusätzlich benötigen, um die neuen Aufgaben erfolgreich bewältigen zu können,
– in welchen Zeitabständen der Erfolg kontrolliert werden soll,
– was getan wird, wenn sich der Erfolg doch nicht einstellt.

Wenn Sie Ihre Mitarbeiter so in den Prozess einbinden, allen so viel Information wie möglich geben und eine sinnvolle Aufgabenverteilung erarbeiten, in der sich niemand überrumpelt, vergessen oder allein gelassen fühlt, können Sie erwarten, dass Ihr Team die neue oder veränderte Aufgabe meistert. Es wird wahrscheinlich nicht zu Kompetenzgerangel kommen, denn die Positionen sind vergeben. Sie gehen nunmehr davon aus, dass für die Zeit des Projektes jeder einfach seine Aufgabe erfüllt. Wer dennoch versucht, nachträglich zu meckern, sollte von Ihnen sofort und ohne Umschweife und wenn nötig auch für andere sichtbar zur Ordnung gerufen werden.

Personelle Veränderungen

Diese Aufgabe wird Sie als Teamchef wahrscheinlich sehr häufig fordern. Wir wollen Ihnen jetzt nicht den Endruck vermitteln, dass Fluktuation, also das Kommen und Gehen von Mitarbeitern, für einen Teamchef alltäglich oder banal ist. Ganz sicher ist doch, dass ein funktionierendes Team eher die Tendenz hat zusammenzubleiben. Denn auch Ihren Mitarbeitern ist klar, dass eine harmonische Arbeitsatmosphäre mit guten Kollegen mehr wert ist als ein gut bezahlter Job in einer Stierkampfarena, wo jeder nur um seine eigene Existenz kämpft. Und Sie sollten natürlich ernsthaft in sich gehen, wenn Sie feststellen, dass sich in Ihrem Team das Personalkarussell deutlich schneller dreht als woanders. Aber auch im besten Team kommt es zu «normalen» personellen Veränderungen. Ein Mitarbeiter geht in den Ruhestand, ein anderer ist langfristig krank, ein Mitarbeiter kündigt, um mit seiner Frau dorthin zu ziehen, wo sie eine neue Stelle angenommen hat. Eine Mitarbeiterin verlässt die Firma in den dreijährigen Erziehungsurlaub, einer bewirbt sich erfolgreich bei einem anderen Unternehmen, um sich einer neuen Herausforderung zu stellen, die ihm Ihre Firma nicht bieten kann oder will. Und mit etwas Pech bewirbt sich das von Ihnen geförderte Talent in einem anderen Haus und verlässt Ihr Team, um selbst Teamchef zu werden.

Unabhängig vom konkreten Grund, warum ein Mitarbeiter Ihr Team verlässt, kommt auf Sie als Vorgesetzter gleich ein ganzes Aufgabenbündel zu. Sie müssen sich schnellstens Gedanken über die Nachfolge machen. Und zwar so konsequent und praktisch, dass Sie allen Gerüchten und dem fast unausweichlichen Postengerangel vorgreifen. Gehen Sie am besten nach der folgenden Checkliste vor, damit Sie nichts Wichtiges vergessen:

1. Soll das bisherige Stellenprofil wirklich unverändert beibehalten werden?
2. Muss ein potentieller neuer Stelleninhaber unter Umständen neue Anforderungen erfüllen?
3. Welche Kenntnisse und Fähigkeiten muss der Nachfolger auf jeden Fall mitbringen, welche sind wünschenswert?
4. Wo finde ich geeignete Bewerber für die Position?
5. Wie kann ich dessen Kompetenzen sinnvoll und zügig überprüfen?
6. Wie lange dauert der Know-how-Transfer zu einem neuen Stelleninhaber?
7. Was muss getan werden, um den «Neuen» schnell in das Team zu integrieren?

Eine ganz wichtige Frage ist, wie Sie in möglichst kurzer Zeit möglichst genauen Aufschluss darüber bekommen, inwieweit die tatsächlich vorhandenen Fähigkeiten, Kenntnisse und Eigenschaften der Bewerber mit dem Anforderungsprofil der vakanten Position übereinstimmen. Leider verlassen sich die Entscheider in viel zu vielen Unternehmen noch immer auf Eindrücke, die sie in ein bis zwei Vorstellungsgesprächen bekommen haben. Diese zumeist bei einer Tasse Kaffee geführten unstrukturierten Interviews kranken daran, dass sie kaum etwas darüber aussagen, ob der Bewerber tatsächlich geeignet ist und erfolgreich für Sie arbeiten wird. Sie kennen die Situation solcher Gespräche aus eigener Erfahrung: Ihr Gesprächspartner und Sie sind guter Stimmung, Sie tauschen miteinander Freundlichkeiten aus, und Sie sind bei Kenntnis Ihrer eigenen Stärken und Schwächen in der Lage, das Gespräch schnell auf Ihre starken Seiten zu lenken. Das, was Sie in solchen Situationen eventuell feststellen können, ist die gegenseitige Sympathie. Sie ist natürlich als einer der Bausteine Ihrer Entscheidung ungeheuer wichtig; aber erstens kann Ihr Eindruck Sie auch täuschen, und zweitens reicht er eben nicht aus, um eine so wichtige Personalentscheidung zu treffen. Die Fehlerquote ist gefährlich hoch, und Sie sollten sich auch nicht mit dem Verweis auf die mehrmonatige Probezeit trösten. Unter Umständen verschenken Sie viel kostbare Zeit und auch Informationen an einen ungeeigneten Mitarbeiter, der Ihr Team sowieso wieder verlässt.

Ihre Entscheidung für oder gegen einen Bewerber wird umso treffsicherer, je besser es Ihnen gelingt, verschiedene Methoden so zu kombinieren, dass möglichst viele Ihrer Positionsanforderungen mehrfach überprüft werden können. Ohne großen Mehraufwand können Sie zum Beispiel Ihre Bewerber eine Fallstudie bearbeiten lassen, für die Sie eine Musterlösung anfertigen. Nehmen wir an, Sie wollen einen Einkäufer für Oberbekleidung einstellen. Sie können dem Bewerber eine praxisnahe Aufgabe geben und mehrere konkrete Fragen dazu stellen. Als Arbeitsmaterial erhält er Tabellen, Statistiken, Herstellerverzeichnisse, Lieferzeiten, -konditionen und -kapazitäten. Derart auf den Zahn gefühlt, können Sie zumindest eine zuverlässige Prognose darüber aufstellen, inwieweit der Bewerber den betriebswirtschaftlich-fachlichen Anforderungen der Position gewachsen ist. Wenn Sie dem

Bewerber zusätzlich den Auftrag geben, sein Arbeitsergebnis einer «Kommission» zu präsentieren, und dafür Folien und/ oder Flipchart zur Verfügung stellen, haben Sie gleich einen weiteren Beurteilungsbaustein, nämlich seine rhetorische und Präsentationskompetenz. Und wenn Sie schließlich im Anschluss an die Präsentation dem Kandidaten noch kritische und vertiefende Fragen stellen, überprüfen Sie noch die Belastbarkeit und Überzeugungsfähigkeit des Kandidaten. Und ganz nebenbei können Sie sich in sachlicher Atmosphäre überlegen, ob dieser Bewerber auch menschlich in Ihr Team passt. Sie führen bei Ihren Bewerbern mit solchen Methoden ein Mini-Assessment-Center durch. Sie sollten auf jeden Fall bereits im Vorfeld der Neueinstellung die Auswahlstrategie mit Ihrem Vorgesetzten und der Personalabteilung abstimmen. Sie selbst haben das zentrale Interesse, den «Richtigen» für Ihr Team zu finden. Lassen Sie sich also nicht damit zufrieden stellen, dass man in Ihrer Firma noch nie mehr als Interviews durchgeführt hat und damit vielleicht trotzdem manchmal Erfolg hatte.

Kommen wir zurück zu der Frage, was zu tun ist, wenn ein Mitarbeiter geht. Die nahe liegende Lösung, nämlich die frei werdende Stelle auszuschreiben und mit einem internen oder externen Bewerber neu zu besetzen, ist nicht immer sinnvoll. Wenn Ihr Unternehmen die Planstelle nicht streicht, ist das sicher mehr oder weniger einfach möglich. Sie sollten sich jedoch auch in diesem Fall die Freiheit nehmen, über Alternativen ernsthaft nachzudenken. Möglicherweise können Sie die sich bietende Chance nutzen und die Aufgaben im Team neu aufteilen oder Teilaufgaben anderen Mitgliedern übertragen. Durch diese Personalentwicklungsmaßnahmen, «job enrichment» oder «job enlargement», wie es in der Fachsprache heißt, können Sie Ihre Mitarbeiter unter Umständen gezielt fördern oder im Idealfall sogar ihren Interessen und Berufswünschen entgegenkommen. Vielleicht können Sie sich durch diesen Neuzuschnitt von Aufgaben endlich einen dringend benötigten Mitarbeiter für einen bisher notgedrungen vernachlässigten Aufgabenbereich sichern. Um dies alles zu koordinieren, sollten Sie sich eine Strategie zurechtlegen und alles mit Ihrem Vorgesetzten besprechen, um das weitere Vorgehen genau festzulegen. Sie können also zum Beispiel durch eine neue Aufgabenverteilung Veränderungen herbeiführen, die für eine Menge Motivation im Team sorgen.

Danach besprechen Sie mit Ihrem Team die neue Situation. Diskutieren Sie mit allen Mitarbeitern, wie der Neuzuschnitt der Aufgaben so erfolgen kann, dass möglichst alle Teammitglieder zufrieden sind. Danach müssen Sie mit jedem einzelnen Mitarbeiter genau festlegen, wie diese Planung am besten umgesetzt wird. Dabei sollten Sie natürlich nicht vergessen, dass es unter Umständen notwendig ist, die Mitarbeiter durch Schulungen oder Seminare zu unterstützen.

Denken Sie auch an den Know-how-Transfer. Das Wissen und die Erfahrungen, die der ausscheidende Mitarbeiter über das Unternehmen, die Arbeitsabläufe und die Personen, mit denen er täglich zu tun hatte, besitzt, sind für Sie Geld wert, und deshalb müssen Sie dies für Ihr Team sichern. Zum Know-how-Transfer gehört also weit mehr, als Schreibtisch und Aktenschränke des ausscheidenden Mitarbeiters zu ordnen und deren Inhalte an Kollegen und/oder den Nachfolger zu übergeben. Als Teamchef wissen Sie, welche Kenntnisse und Informationen der Mitarbeiter gesammelt hat. Welche Aufgaben hatte er zu bearbeiten? Mit welchen Gesprächspartnern im Unternehmen und außerhalb hatte er zu tun? Welche Erfahrungen hat er mit diesen gemacht? Welches Insiderwissen ist wichtig für Ihr Team? Wo und mit welcher Systematik sind die entsprechenden Dokumente abgelegt? Was muss ein sachkundiger Dritter wissen, um die Arbeit zielgerichtet, reibungslos und erfolgreich weiterzuführen? Auf diese Fragen müssen Sie Antworten bekommen, um den Übergabeprozess erfolgreich abzuwickeln. Deshalb sollten Sie einen exakten Plan aufstellen und alle Schritte auch genau nach dieser Vorgabe durchführen. Am besten besprechen Sie mit Ihrem ausscheidenden Mitarbeiter, wie er diesen Wissenstransfer organisieren würde, um möglichst alles für das Team zu erhalten. Sie sollten darauf vertrauen, dass dieser Mitarbeiter sein Bestes geben wird, wenn Sie ihn ernsthaft darum bitten. Schon aus diesem Grund ist es von unschätzbarem Vorteil, wenn Sie sich ohne atmosphärische Störungen trennen.

Dann vereinbaren Sie mit Ihrem «Bald-Exmitarbeiter», wie der Abschied aus dem Team aussehen soll. Respektieren Sie es, wenn er «kein großes Aufheben» um seinen Weggang machen möchte, und zwingen Sie ihn nicht zu einer großen Verabschiedungsrunde. Das Mindeste allerdings, worauf Sie Wert legen sollten, ist ein zwangloses Zusammensein des gesamten Teams bei einer Tasse Kaffee am letzten Arbeitstag des Mitarbeiters. Es ist einfach schlechter Stil, dem Team nicht die Möglichkeit zu geben, sich von einem Kollegen offiziell zu verabschieden, ihm für die Zeit der Zusammenarbeit zu danken und ihm Glück für die Zukunft zu wünschen. Dafür brauchen Sie als Teamchef keine große Abschiedsansprache vorzubereiten. Ein paar persönliche, ernst gemeinte Worte sind viel wichtiger. Besprechen Sie mit dem Team ein Abschiedsgeschenk. Diese Maßnahmen sind auch wichtig, damit unter den Kollegen nicht gemunkelt wird, ob es vielleicht doch noch andere Gründe für das Ausscheiden des Kollegen gibt.

Nun machen Sie sich Gedanken darüber, wie das neue Teammitglied eingearbeitet werden soll. Möglicherweise gibt es in Ihrer Firma ein Einführungsseminar für neue Mitarbeiter. Dann sollten Sie rechtzeitig einen Teilnehmerplatz reservieren. Auf jeden Fall bestimmen Sie aber einen «Paten» für den neuen Mitarbeiter. Also einen Mitarbeiter, der den neuen Teamkollegen im ersten Monat so begleitet, dass er sich schnell zurechtfindet und in das Team bzw. seine Aufgaben integriert wird. Das schafft auf der Mitarbeiterebene schneller Vertrauen und hat den erfreulichen Nebeneffekt, dass Sie selbst zeitlich entlastet sind. Mit diesem Paten legen Sie gemeinsam den Einarbeitungsplan fest. Neben den fachlichen Dingen muss darin vor allem die Einweisung in das betriebliche Umfeld klargemacht werden, so zum Beispiel die Vorstellung des neuen Mitarbeiters in den Nachbarabteilungen und den Unternehmensbereichen, mit denen er zukünftig zusammenarbeiten muss, oder die Bedienung des EDV- und Mailsystems. Auch der Weg zur Kantine ist wichtig, bzw. wie man zu einer Bahnfahrkarte, zu einem Mietwagen für Dienstreisen oder an Büromaterial kommt. Außerdem muss das neue Teammitglied über die Unternehmensregularien informiert werden sowie über die teaminternen «Spielregeln», damit es sich reibungslos einfügen kann. Dies alles schreiben Sie in einen genauen Plan, aus dem hervorgeht, welches Teammitglied – auch Sie – für welche Aufgabe verantwortlich ist und wann genau diese Aktivitäten stattfinden werden. Diesen

Einarbeitungsplan erhält jeder im Team – natürlich auch der neue Mitarbeiter.

Legen Sie dann zusammen mit dem Team fest, wie die Begrüßung des neuen Mitarbeiters stattfinden soll. Dabei reicht es natürlich auch nicht, die Schreibtischplatte sauber zu machen, weil auf ihr wahrscheinlich noch der eingetrocknete Kaffeebecherrand des Vorgängers zu sehen ist. Dass der Schreibtisch und die Schränke aufgeräumt werden und ausreichend Büromaterial am Platz ist, sollte für Sie in Ihrem Team selbstverständlich sein. Denken Sie aber auch daran, wie der neue Kollege vom Eingang zu Ihrem Team kommt und was dann passiert, wenn er da ist. Vermeiden Sie den Eindruck des «business as usual», denn ein neues Teammitglied ist eine wesentliche Veränderung! Die gegenseitige Vorstellung aller Teammitglieder und die Übergabe an den Einarbeitungspaten sind Aufgaben, denen Sie sich selbstverständlich stellen müssen. Der weitere Ablauf funktioniert so, wie Sie es vorher mit dem Team beschlossen haben.

Während der Einarbeitungszeit vergewissern Sie sich dann regelmäßig, dass alles sinnvoll läuft und dass sich der neue Mitarbeiter wirklich informiert und integriert fühlt. Sollte dies nicht der Fall sein, müssen Sie zusammen mit dem Paten festlegen, was zusätzlich getan werden muss, um die Voraussetzungen für ein erfolgreiches Arbeiten im Team zu schaffen. Fragen Sie Ihren neuen Mitarbeiter auch regelmäßig nach seinen Erwartungen. Wenn sie nicht überzogen sind, sollten Sie auf jeden Fall versuchen, sie zu erfüllen. Um die Integration des Neuen in Ihr Team zu beschleunigen, sollten Sie nach dem Grundsatz vorgehen: «Im Zweifel einen höheren Aufwand betreiben!» Was Sie zu Beginn der Integration tun, bewahrt Sie im weiteren Ablauf vor langwierigen Grundsatzdiskussionen oder konfliktträchtigen Auseinandersetzungen mit Ihrem Vorgesetzten, anderen Führungskräften, Ihrem neuen Mitarbeiter oder den anderen Teammitgliedern. Nach der Einarbeitung sollten Sie möglichst bald eine informelle Teamveranstaltung einplanen, um die Teamentwicklung auch auf der zwischenmenschlichen Ebene zu fördern. In der Durchführung solcher Veranstaltungen hat Ihr Team nach Ihrer «Regierungserklärung» ja Erfahrung, sodass Sie die Vorbereitung einem Ihrer Mitarbeiter übertragen können.

Einer der hässlichen Sonderfälle der Personalfluktuation ist die Kündigung eines Mitarbeiters. Unabhängig vom konkreten Grund dieser Kündigung kommen neben der juristisch korrekten Abwicklung (für die Sie unbedingt Ihren Vorgesetzten und/oder einen Spezialisten aus der Personalabteilung um Unterstützung bitten sollten) zwei Dinge auf Sie zu: Schaden von Ihrem Team abzuwenden und den Know-how-Transfer zu sichern. Der zweite Punkt ist besonders schwierig in dieser Situation. Sie fahren am sichersten, wenn Sie den gekündigten Mitarbeiter unmissverständlich anweisen, alle Informationen zu laufenden Arbeiten sowie die Datenablage vollständig einem Kollegen zu übergeben, den Sie bestimmen. Diese Übergabe lassen Sie sich von beiden Mitarbeitern bestätigen.

Sie können sicher davon ausgehen, dass der gekündigte Mitarbeiter kein Interesse daran haben wird, noch irgendwie produktiv für Sie oder Ihr Team zu arbeiten. Versuchen Sie deshalb zu erwirken, dass dieser Mitarbeiter nach Aussprechen der Kündigung und der Informationsübergabe sofort freigestellt wird. Das bedeutet, dass er bis zum Ablauf der Kündigungsfrist sein Gehalt ausgezahlt bekommt, aber nicht zur Arbeit erscheint. Bei einer Freistellung haben Sie auch die

Möglichkeit, Schlüssel oder Codekarte des Mitarbeiters einzufordern. Und lassen Sie diesen Mitarbeiter sofort aus allen Mail-Gruppen löschen. Sonst bekommt dieser Exkollege, wenn er eine Mail-Umleitung eingerichtet hat, ganz unaufwendig alle Informationen über die Arbeit nach Hause geliefert. Darauf müssen Sie Ihren Systemadministrator sofort ansetzen. Und schließlich will Ihr Team auch offiziell über die Kündigung informiert werden. Je nach Fall dürfen Sie aus Gründen des Vertrauensschutzes keine detaillierten Angaben über die Ursachen für die Kündigung offen legen. Lassen Sie sich hierzu unbedingt von Ihrem Vorgesetzten beraten! Ziel dieser Zusammenkunft im Team ist es natürlich, das «Wir-Gefühl» und die Motivation trotz der Kündigung aufrechtzuerhalten.

Veränderungen sind auch planbar

Bis zu dieser Stelle haben wir Ihnen zum Thema «Veränderungen» vor allem Anregungen gegeben, wie Sie als guter Teamchef auf bestimmte Signale oder Tatsachen reagieren können. Veränderungen können jedoch auch von Ihnen geplant sein und vorausschauend erfolgen. Wie Sie das anstellen können? Jeder Produktentwickler ist darauf angewiesen, möglichst viele Informationen von zukünftigen Nutzern zu bekommen, bevor er in die weitere Entwicklung viel Geld steckt. Dazu werden verschiedene Befragungen durchgeführt. Meinungsforschung ist aus unserem Alltag sowieso längst nicht mehr wegzudenken. Da werden Sie plötzlich zu Hause angerufen und danach gefragt, welches Rundfunkprogramm Sie zu welchen Zeiten und wie lange hören. Auf Ihrem Einkaufsbummel spricht Sie in der Fußgängerzone ein Student an und bittet Sie, sich eine Viertelstunde Zeit für eine Marktforschungsumfrage zu Streicheigenschaften von Markenbutter zu nehmen. Wieder von einem anderen Interviewer werden Sie über Ihre Zufriedenheit mit der Politik Ihrer Landes- oder der Bundesregierung befragt und welcher Partei Sie Ihre Stimme geben würden, wenn an diesem Tag Wahl wäre. Und schon sind Sie Teil des «Politbarometers», vor dem große und kleine Politiker zittern. Wir sind Umfragen gewöhnt, sie gehören dazu. Machen Sie sich diese Tatsache doch einfach zunutze, um ein «Zufriedenheitsbarometer» von Ihrem Team zu erhalten. So ein Barometer können Sie für folgende Bereiche erstellen:

– das Verhältnis zwischen Ihnen und Ihren Mitarbeitern im Team,
– den Grad der Zufriedenheit und Zusammenarbeit im Team insgesamt,
– Arbeitsabläufe und Ergebnisse im Zusammenwirken mit anderen Unternehmensabteilungen,
– den Kontakt mit Interessenten, Lieferanten und Kunden.

Die Zusammenstellung der Fragen hängt natürlich davon ab, was Sie mit der Aktion erreichen wollen. Auf jeden Fall sollten Sie darauf achten, dass das Ausfüllen des Fragebogens nicht mehr als 10 Minuten in Anspruch nimmt, denn dann sinkt das Interesse und außerdem hat niemand so viel Zeit übrig. Denken Sie auch daran, die Fragen eindeutig zu formulieren. Niemals sollte ein «Vielleicht» möglich sein. Nur auf eine klare Frage erhalten Sie auch eine klare Antwort. Und beteiligen Sie Ihr Team, wenn Sie die Fragen für den Fragenkatalog zusammenstellen. Ihre Mitarbeiter werden Ihnen gerne helfen, denn sie selbst profitieren ja ganz unmittelbar von der Rückmeldung. Außerdem zeigen Sie einmal mehr, dass Sie Transparenz und Mitdenken in Ihrem Team schätzen und fördern und dass das Arbeitsklima gepaart mit erfolgreicher Zusammenarbeit für Sie an erster Stelle steht.

Das Ganze nochmal – aber kurz

Wenn sich die «kleinen Probleme» im Team häufen, wenn Sie und Ihre Mitarbeiter mit der Arbeit nicht mehr nachkommen, wenn Aufgaben auf der Strecke bleiben, dann ist es Zeit, Arbeitsabläufe zu verändern:

- Sprechen Sie das Problem klar und deutlich an. Sagen Sie, was passiert ist und was genau der Fehler war. Dieses schreiben Sie für alle Beteiligten sichtbar auf ein Flipchart.
- Ermitteln Sie in einem offenen Dialog mit Ihren Mitarbeitern die möglichen Ursachen, die zu diesem Problem geführt haben. Dies ist kein Verhör und es gibt auch keine Vorwürfe und keinen Schuldigen. Sie wollen nur wissen, welche Arbeitsabläufe nicht geklappt haben und wieso.
- Machen Sie ein Brainstorming: Fragen Sie Ihre Mitarbeiter, wie das Problem am besten gelöst werden kann. Alles wird kommentarlos protokolliert. Jede Antwort gilt! Geben Sie Ihren Mitarbeitern zunächst 5 bis 10 Minuten Bedenkzeit, sodass sich niemand überfahren fühlt. Die Lösungsvorschläge schreiben Sie wieder auf das Flipchart. Auch Sie sollten Ihre Vorstellungen zu Protokoll geben.
- Jetzt fangen Sie an, die Lösungsvorschläge einzeln im Hinblick darauf zu bewerten, inwieweit sie realistisch geeignet sind, das Problem zu lösen. Dazu stellen Sie am besten eine Liste von Vorzügen und Nachteilen auf und verfeinern sie. Keine Grundsatzdebatte!
- Sie entscheiden sich für einen Weg der Problemlösung. Achten Sie darauf, dass Sie oder Ihre Teammitglieder selbst unmittelbar handeln können. Gehen Sie sofort an die Umsetzung. Schließlich müssen Sie aufpassen, dass durch diesen

neuen Arbeitsablauf nicht Probleme an anderer Stelle auftreten.

– Zuletzt vereinbaren Sie für diesen neuen Arbeitsablauf eine Aktionsliste. Aus dieser geht hervor, wer ab sofort was wie machen muss, um das Problem künftig zu vermeiden. Schließlich vereinbaren Sie einen Kontrolltermin, bei dem Sie die Umsetzung prüfen werden.

Vorher allerdings sollten Sie diese Liste noch einmal gründlich durcharbeiten – es lohnt sich!

1. Welche Veränderungen bringt die neue oder zusätzliche Aufgabe für das Team insgesamt?

2. Welche Chancen ergeben sich durch diese Veränderungen für das Team und/oder seine Mitglieder?

3. Welche Kompetenzen bzw. Erfahrungen sind vor allem gefordert, um die neuen Aufgaben erfolgreich zu bewältigen?

4. Welche(s) Teammitglied(er) verfügt (verfügen) über diese Kompetenzen und Erfahrungen? Wer hat wahrscheinlich noch Interesse daran, an dieser neuen Aufgabe mitzuwirken?

5. Welche Maßnahmen müssen unter Umständen ergriffen werden, um diese Teammitglieder zu unterstützen bzw. zu entlasten?

6. Was mache ich, wenn von den Mitarbeitern Widerstände geäußert werden oder keine Bereitschaft zur Mehrarbeit vorhanden ist?

So führen Sie Ihre Mitarbeiter vernünftig an die neue Aufgabenverteilung heran. Klären Sie,

– wer zukünftig welche Aufgaben zu erledigen hat,

– welche Art der Unterstützung (Schulung, Training, Coaching) die Mitarbeiter zusätzlich benötigen, um die neuen Aufgaben erfolgreich zu erfüllen,

- in welchen Zeitabständen der Erfolg kontrolliert werden soll,
- was getan wird, wenn sich der Erfolg doch nicht einstellt.

Und wenn einen Ihrer Mitarbeiter die Reiselust packt und er sich aus dem Team verabschiedet, um woanders neue Aufgaben wahrzunehmen?

1. Klären Sie als Erstes die Frage der Nachfolge. Wenn die Stelle neu besetzt wird, überlegen Sie sich, ob Sie einen Mitarbeiter aus dem Team dorthin setzen oder eine in- und externe Ausschreibung durchführen. Oder verteilen Sie die Aufgaben auf die verbleibenden Mitarbeiter und machen ein «job enrichment», wodurch Sie verdienten Mitarbeitern neue Aufgaben präsentieren und eine Gehaltserhöhung ermöglichen.

2. Jetzt erklären Sie dem Team die neue Situation.

3. Der Know-how-Transfer bedeutet für Sie bares Geld. Stellen Sie ihn zur Not per Anweisung sicher!

4. Bereiten Sie zusammen mit dem Team einen Abschied für den Mitarbeiter vor, der das Team verlässt. Das gibt jedem die Möglichkeit, sich offiziell zu verabschieden, und beugt Munkeleien vor, man trenne sich in Unfrieden.

5. Überlegen Sie sich zusammen, wie der neue Kollege eingearbeitet wird, und bestimmen Sie einen Paten, der dem neuen Mitarbeiter zur Seite gestellt wird.

6. Seien Sie der Erste, der den neuen Kollegen begrüßt. Stellen Sie das neue Teammitglied den künftigen Kollegen vor.

7. In der Einarbeitungsphase sind der Pate und Sie immer Ansprechpartner.

8. Gönnen Sie dem Team eine Veranstaltung außerhalb des Hauses, um den neuen Kollegen auch zwischenmenschlich kennen lernen zu können.

Im letzten Kapitel dieses Buches erhalten Sie nützliche Hinweise zum Umgang mit weiteren Situationen und mit Personen, die Ihnen als Führungskraft das Leben schwer machen können. Von A wie Alkohol bis Z wie Zigarette erkennen Sie die möglichen Klippen und finden Möglichkeiten, sie zu umschiffen.

A wie Alkohol

Sie werden es nicht vermeiden können, bei einigen Gelegenheiten im Betrieb auch einmal Alkohol zu trinken. In den meisten Firmen ist Alkoholgenuss während der Arbeitszeit verboten. Deshalb müssen Sie mit gutem Beispiel vorangehen, wenn Sie keinen Autoritätsverlust riskieren wollen. Das kann besonders schwierig werden, wenn es lockerer zugeht: der Ausflug mit Ihren Mitarbeitern, das gemeinsame Abendessen Ihres Teams mit oder ohne Partner, die Weihnachtsfeier oder der Betriebsausflug. Dabei kommen natürlich auch Sekt, Wein und Bier auf den Tisch. Und dabei lockert sich die Atmosphäre ganz nebenbei so, dass man sich bei informellen Gesprächen noch besser kennen lernt. Was Ihre Mitarbeiter anbelangt, werden Sie den Überblick behalten. Falls es zu handfesten Problemen kommen sollte, greifen Sie lieber nicht selbst ein, damit die Situation nicht eskaliert. Am besten bitten Sie einen Kollegen, sich um den betrunkenen Mitarbeiter zu «kümmern». Lassen Sie im Notfall ein Taxi rufen, sodass der Mitarbeiter sicher nach Hause gebracht wird.

Viel größer jedoch ist der Schaden, wenn Sie selbst zu tief ins Glas schauen. Es ist peinlich für alle Anwesenden, wenn der Vorgesetzte mit offenkundig schwerer Zunge spricht oder auffällig lange und verschachtelte Sätze bildet und sich euphorisch oder depressiv über Grundfragen des Lebens auslässt. Sie als Führungskraft verlieren in jedem Fall an Autorität und Glaubwürdigkeit. Und dafür haben die meisten Mitarbeiter ein sehr ausgeprägtes Gefühl.

Ein Marketingleiter eines Motorenherstellers etwa hatte sich während eines internen Seminars so wenig unter Kontrolle, dass Folgendes passierte: Spät in der Nacht wachte ein Mitarbeiter in seinem Hotelzimmer auf, weil es polterte. Als er das Licht anmachte, sah er seinen Chef in Unterhose auf dem Teppichboden krabbeln. Als er ihn ansprach, entgegnete dieser lallend, dass er seine Kontaktlinsen suche. Mühsam versuchte der Mitarbeiter seinen Vorgesetzten davon zu überzeugen, dass er sich im falschen Zimmer befände. Einige Zeit später wachte der Mitarbeiter erneut auf und fand seinen Chef, auf allen vieren im Badezimmer nach den Kontaktlinsen suchend. Diesmal war es noch schwieriger, ihn aus dem Zimmer zu bugsieren.

Am peinlichsten wird die Sache für beide Seiten, wenn sich ein betrunkener Vorgesetzter überhaupt nicht mehr daran erinnert, wo er bei wem auf welche Art und Weise aufgetreten ist. Sie selbst kennen Ihre Formschwankungen am besten, wenn Sie Alkohol trinken. Sie wissen auch, wann Sie sich nicht mehr unter Kontrolle haben oder einfach einschlafen. Beides ist peinlich. Trinken Sie im Zweifel lieber ein paar Gläser weniger oder schlicht gar nichts.

B wie Betriebsausflug

Hier gibt es noch ganz andere Fallstricke, als zu viel zu trinken. Ein Betriebsausflug ist nicht jedermanns Sache und vielleicht auch nicht Ihre. Wenn Sie selbst darüber bestimmen können, ob Ihr Team einen Betriebsausflug macht, umso besser, denn dann bieten sich Ihnen gleich zwei Möglichkeiten. Erstens dass so etwas überhaupt nicht stattfindet. Zweitens dass so ein Ausflug gerade einmal einen Tag lang dauert und sich nicht über mehrere Tage hinzieht. Dagegen spricht sowieso, dass einige Mitarbeiter an einem mehrtägigen Ausflug aus privaten Gründen gar nicht teilnehmen können oder wollen, weil zum Beispiel Kinder versorgt werden müssen. Erst recht schwierig sind Wochenendausflüge. Heute arbeiten normalerweise beide Partner und sehen sich in der Woche nur für wenige müde Stunden am Abend. Das Wochenende kann da nicht für betriebliche Zwecke eingefordert werden, denn die Firma hat grundsätzlich nicht über die Gestaltung der privaten Zeit zu verfügen. Wenn Ihnen aber das Wochenende so ausgesprochen wichtig ist, dann organisieren Sie den Betriebsausflug doch so, dass Partner und Familien auch mitmachen können. Sollten Sie allerdings nicht alleine über den Ausflug bestimmen können, muss Ihnen klar sein, dass Sie – unabhängig davon, ob Sie Lust dazu haben oder nicht – selbstverständlich auch mit von der Partie sind. Ihre Vorbildfunktion als Führungskraft ist gefordert, auch wenn es Ihnen noch so schwer fällt. Am besten sehen Sie zu, dass Sie maßgeblich mitbestimmen, wie die ganze Sache über die Bühne geht. Den Ausflug allerdings machen Sie in jedem Fall mit – Schauspieltalent hilft auch einer Führungskraft durch langweilige oder einfach nervige Veranstaltungen hindurch und gibt Ihren Mitarbeitern das Gefühl, dass auch Sie gute Laune haben.

C wie Chemie

Wir sind in den vorangegangenen Kapiteln schon mehrfach darauf eingegangen: Es wird auf Anhieb Mitarbeiter geben, die Ihnen sympathisch sind, mit denen die Chemie von vornherein einfach zu stimmen scheint. Und dann wiederum gibt es andere Mitarbeiter, mit denen Sie privat nie etwas unternehmen würden. Das ist nicht weiter tragisch, soweit Sie Ihre intellektuelle Kontrollfunktion aktiviert haben. Machen Sie nicht den Fehler und bevorzugen die Mitarbeiter, die Sie besonders mögen. Etwa indem Sie ihnen mehr Informationen weitergeben, großzügigen Überstundenausgleich gewähren oder sie zum Beispiel durch Seminarbesuche fördern. So etwas geht immer sehr schnell schief, denn einerseits wecken Sie bei den so Versorgten Erwartungen, denen Sie in der weiteren Zusammenarbeit eventuell nicht mehr entsprechen können. Andererseits werden die anderen Teammitglieder schnell merken, dass sie selbst weniger Zuwendung erfahren. Und dann dauert es nicht mehr lange und Sie haben Ihr Team in mehrere Fraktionen gespalten, die dann das ganze Gefüge sprengen. Sie haben vielleicht über einige Zeit Ihren Fanclub, aber im gleichen Ausmaß haben Sie auch Neider produziert, die zu mehr oder weniger subtilen Methoden greifen werden, um sich zu revanchieren. Entweder beginnen sie heimlich an Ihrem Stuhl zu sägen, etwa indem sie Gerüchte über Ihre Kompetenz oder Integrität im Unternehmen streuen. Oder sie lassen die Kollegen auflaufen, die auf Ihrer Beliebtheitsskala ganz oben stehen.

D wie Demotivation

Wie Sie mit demotivierten Mitarbeitern umgehen können, haben wir vor allem in Kapitel 4 erklärt. Jetzt geht es darum, wie Sie mit sich selbst umgehen. Wenn Sie merken, dass Sie nach einiger Zeit nachlassen, dass es Ihnen schwerer fällt, zur Arbeit zu gehen, Sinn zu erkennen in dem, was Sie tun; wenn Sie morgens eine bleierne Müdigkeit spüren und Ihnen eigentlich alles schon nach wenigen Stunden im Büro zum Hals heraushängt. Die Arbeit wächst Ihnen über den Kopf und selbst am Wochenende können Sie sich nicht mehr richtig entspannen, weil Sie die bevorstehende Woche detailliert zu planen versuchen. Vielleicht empfinden Sie Ihren Chef als Zumutung, weil Sie seinen Führungsstil ganz und gar nicht mögen und er wenig kooperativ erscheint. Sie sind der Meinung, dass ihm seine Mitarbeiter und damit auch Sie eigentlich völlig egal sind, Hauptsache, jeder funktioniert. Solange Sie dies mit sich selbst ausmachen, ohne jede Nacht schweißnass aufzuwachen, wird es wohl kaum zu einer Kollision mit anderen kommen. Zum Problem wird diese Situation, wenn Sie von ihr, dem Frust, der Überforderung und der Unterbezahlung umklammert werden und Ihnen dieses Gefühl die Luft abdrückt. Wenn Sie tatsächlich so demotiviert sind, wird es Ihre Umgebung irgendwann merken. Entweder Sie klingen leidend und nach dem Motto «Ist doch sowieso egal», oder Sie werden immer schneidender. Und ganz besonders unschön: Es kommt der Moment, da vergreifen Sie sich völlig im Ton und werden laut.

Eine der nachhaltig wirksamsten Situationen, an die wir uns erinnern können, passierte in einer Magazinredaktion. Die völlig überforderte Chefredakteurin, die kurz vor dem Rauswurf stand, weil unter ihr die Verkaufszahlen in den Keller gegangen waren, explodierte förmlich, als eines der Redaktionstelefone läutete und keiner der Mitarbeiter den Hörer abnahm. Die Chefredakteurin brüllte so laut durch das gesamte Großraumbüro, dass es jeder Mitarbeiter mitbekam. Es war keineswegs das erste Mal, dass so etwas passierte, aber die Mitarbeiter hörten sofort betreten auf zu arbeiten. Keiner traute sich, einen Mucks von sich zu geben. Aber für jeden in der Redaktion war klar, dass die Tage dieser Vorgesetzten gezählt waren. So reagiert nur jemand, der mit einer Situation oder einer Arbeitsaufgabe völlig überfordert ist.

Falls Ihnen so etwas einmal passiert, sollten Sie wissen, dass Ihre Mitarbeiter sich sehr schnell, manchmal sogar in Tagesfrist, die Frage stellen: «Warum soll ich mich für Ziele engagieren, die mein Chef offensichtlich selbst schon lange nicht mehr im Griff hat?»

Schließlich haben Sie es selbst in der Hand, so eine Situation überhaupt nicht entstehen zu lassen. Sie werden nicht dafür bezahlt, um das eventuell tatsächlich schlechte Führungsverhalten Ihres Chefs an Ihre eigenen Mitarbeiter weiterzugeben und sich darüber auch noch zu beschweren. Auch wenn Sie sich selbst zwischen Baum und Borke fühlen, können Sie immer noch viel tun.

Der Direktor eines großen deutschen Kommunikationsunternehmens hat sich zum Beispiel, um Selbstmitleid vorzubeugen, in das Display seines Handys den Spruch «Du schaffst es» einprogrammiert. Jeden Morgen erinnert er sich selbst daran, dass er alles im Griff hat oder, wenn tatsächlich einmal etwas aus dem Ruder läuft, er schnell wieder die Fäden in die Hand bekommt. Suchen Sie nach einer eigenen Methode, die Ihnen schon morgens ein gutes Gefühl gibt. Probieren Sie es ruhig auch einmal damit, dass Sie sich eine Woche lang dazu zwingen, schon gleich nach dem Aufstehen nur zweimal zu denken: «Ich freue mich auf die Arbeit. Es ist gut, dass ich sie machen kann.» Was so einfach klingt, braucht reichlich Disziplin, um es überhaupt auszuprobieren. Es mag auch passieren, dass Sie sich komplett albern dabei vorkommen, trotzdem sollten Sie es einmal versuchen. Es kann Ihnen helfen, von Anfang an gut gestimmt in den Arbeitstag zu starten. Darauf haben auch Ihre Mitarbeiter Anspruch, denn Sie haben natürlich auch in Bezug auf Ihre positive Ausstrahlung Vorbildfunktion. Wenn Sie trotzdem keine positive Haltung entwickeln können, versuchen Sie aufzuschreiben, was Sie ärgert. Viele Punkte werden Sie im Gespräch mit Ihrem Vorgesetzten oder mit anderen Personen lösen können, sei es eine Gehaltsverhandlung oder eine verbesserte Kommunikation. Einige Punkte werden Ihnen schon beim Aufschreiben lachhaft und kleinlich erscheinen. Wenn alles nichts nützt, haben Sie es immer noch in der Hand, den Arbeitgeber zu wechseln. Und dieses Bewusstsein kann auch Mut und gute Laune machen.

E wie Einladung

Irgendwann kommt der Tag, an dem Sie von Ihrem Vorgesetzten eingeladen werden. Das ist kein Problem, denn Sie werden ziemlich genau wissen, wie locker Sie mit dieser Situation umgehen können. Lassen Sie diese Einladung am besten nicht zu einem «konspirativen» Treffen werden. Reden Sie möglichst nicht über eine andere Führungskraft, die nicht mit dabei ist. Damit halten Sie sich aus den Seilschaften heraus, die viele Unternehmen durchziehen und die, wie bereits zuvor beschrieben, für Sie sehr unangenehm und außerdem gefährlich werden können.

Ganz andere Regeln gelten, wenn einer Ihrer Mitarbeiter Sie privat einlädt. Hier ist ebenfalls Ihr diplomatisches Geschick gefordert. Niemand darf den Eindruck haben, Sie würden bestimmte Mitarbeiter bevorzugen, weil Sie auch privaten Kontakt mit ihnen haben. Andererseits dürfen Sie Ihren Mitarbeitern auch nicht das Gefühl vermitteln, Sie seien unnahbar. Finden Sie am besten erst einmal den Grund für die Einladung heraus. Sind Sie einer von vielen, die zu einer Geburtstagsfeier eingeladen sind? Kein Problem – nehmen Sie Ihren Partner mit, und die ganze Sache hat einen völlig lockeren und privaten Anstrich. Es wird viel Smalltalk geben und nur wenig Gefahr, dass jemand Sie vor seinen Karren spannen möchte. Anders sieht es aus, wenn Sie eine Einzeleinladung bekommen. Ihr Mitarbeiter zum Beispiel sagt, man könne sich ja im privaten Rahmen viel besser einmal über die Dinge im Büro unterhalten, in aller Ruhe und ungestört. Da sollten bei Ihnen alle Alarmglocken gleichzeitig schrillen: Der Schaden für das Team und für Ihr Ansehen kann groß werden. Sagen Sie im Zweifel rundheraus ab. Auch wenn das vielleicht im ersten Moment schwer fällt.

Die Abteilungsleiterin eines deutschen Modeunternehmens wurde von ihrer Referentin für Führungskräfteentwicklung nach Hause eingeladen, um bei einem Glas Wein zu besprechen, wie die Aufgaben und Zuständigkeiten zukünftig abgegrenzt werden sollten. Die Abteilungsleiterin war verblüfft und ließ sich mit der Antwort Zeit. Von ihrem Vorgesetzten erfuhr sie wenige Tage später, dass sich die Referentin bei ihm erkundigt hatte, welche Aufstiegsmöglichkeiten es für sie gäbe. Eigentlich hatte sie sich selbst Hoffnung gemacht, Abteilungsleiterin zu werden. In diesem Fall löste die Abteilungsleiterin das Problem, indem sie die Referentin während der Arbeitszeit mittags zum Essen einlud, um auf neutralem Boden offene Fragen zu klären.

Eine private Einladung eines Mitarbeiters birgt unter Umständen noch eine weitere Fußangel. Es wird Ihnen nämlich unter Umständen nicht leicht fallen, alles Persönliche – wie Ihre Ansichten und Ihre Lebensweise – für sich zu behalten. Mit allem, was Ihr Mitarbeiter und damit über kurz oder lang das gesamte Team über Ihre persönlichen Meinungen oder auch Ihre private Situation erfährt, bieten Sie Angriffsfläche. Ihre Neider warten nur darauf, etwas zu finden, das Ihre Integrität, Seriosität und Ihre Fähigkeit als Führungskraft infrage stellt. Am sichersten entgehen Sie diesen Situationen, indem Sie Beruf und Privatleben konsequent trennen.

F wie Freundschaft

Natürlich kommt es vor, dass zwei Ihrer Mitarbeiter eng befreundet sind oder sich sogar verlieben. Das kann Sie so lange freuen, wie es den Mitarbeitern gelingt, nicht den Unmut der Kollegen zu provozieren, etwa durch rigide Abgrenzung nach außen, durch Geheimniskrämerei oder durch ewiges Zusammenhängen oder Turteln. Oder, fast noch schlimmer, durch persönliche Auseinandersetzungen, die im Büro ausgetragen werden. Wenn so etwas passiert, müssen Sie mit den betreffenden Mitarbeitern sprechen. Machen Sie ohne Umschweife klar, dass dieses Verhalten für Sie nicht akzeptabel ist und nichts am Arbeitsplatz zu suchen hat. Legen Sie eindeutige Spielregeln fest, an die sich die Kollegen zu halten haben.

Ein völlig anderes Problem haben Sie, wenn Sie in der Firma, in der Sie schon länger arbeiten, aufsteigen. Bisher haben Sie mit Ihren Freunden und Kollegen auf derselben Ebene zusammengearbeitet, plötzlich sind Sie Vorgesetzter. Kalkulieren Sie ein, dass einige Kollegen diese neue Situation ohne neue Spielregeln nicht meistern können. Machen Sie diesen Mitarbeitern klar, dass sich die Sympathie nicht verabschiedet hat, stellen Sie aber fest, dass Sie für Vertraulichkeiten nicht länger zu haben sind. Sie können sich den Verdacht der Günstlingswirtschaft nicht erlauben. Rechnen Sie auch damit, dass alte Freundschaften zerbrechen können. Vielleicht wollte Ihr befreundeter Kollege genau die Position, die Sie jetzt belegt haben. Innerhalb des Teams geht so etwas oft ohne Probleme, denn ehemalige direkte Kollegen gehen meist mit Privatangelegenheiten nach außen diskret um. Im Extremfall aber können aus Freunden auch Feinde werden, die lautstarke Auseinandersetzungen provozieren. Sie müssen in diesem Fall wirklich sofort einschreiten und klarstellen, dass Sie so ein Verhalten nicht hinnehmen können. Im Notfall können Sie selbstverständlich mit einer Abmahnung drohen, wenn der Betriebsfrieden erheblich gestört wird.

G wie Großmaul

Besonders nervige Kollegen lassen sich gerne laut und deutlich über sich selbst und andere aus. Sie meckern über die Rahmenbedingungen der Firma, die mangelnde Qualität des Produktes oder darüber, dass andere ganz einfach zu langsam arbeiten und man selbst ja für dieselbe Aufgabe nur ein Drittel der Zeit benötigt. Dieser Kollege kann alles besser, weiß alles besser, macht alles besser. Es gibt eine simple Methode, Kollegen dieser Art wieder zu beruhigen. Verschaffen Sie sich einen Wissensvorsprung, achten Sie auf Fehler und fordern Sie etwas ein, von dem Sie wissen, dass der Mitarbeiter es nicht liefern kann. Sie müssen gar nicht besonders viel Zeit investieren, es braucht nur Ihren Spürsinn, um die berufliche

Schwachstelle des Großmauls zu finden. Dann starten Sie Ihre Offensive und machen ihm innerhalb einer Woche nur zwei- oder dreimal klar, dass Sie mit der Leistung, dem Niveau und der Qualität der Arbeit nicht zufrieden sind, und bieten immer eine Alternative, wie es eben hätte besser gemacht werden können. Danach wird Ihr Großmaul den Mund halten. Und wenn es trotzdem noch einmal laut und unangenehm wird, sagen Sie ihm einfach, dass es nervt.

H wie Habgier

In einem Fernsehsender verschwinden übers Wochenende mehrere Großpackungen Toilettenpapier und 30 Pfund Kaffee. Im Friseurladen fehlt jede Menge Haarshampoo, im Supermarkt wird nach Geschäftsschluss gleich kistenweise Bier geklaut, und in jedem normalen Bürobetrieb werden jeden Tag Dutzende Kugelschreiber mitgenommen. Der Wert ist in den meisten Fällen nicht besonders hoch. Aber einschreiten müssen Sie trotzdem sofort. Denn erstens ist es nur ein kleiner Schritt dahin, dass auch Geldbörsen und Kleidungsstücke gestohlen werden, und zweitens leiden Vertrauen und Glaubwürdigkeit. Eine Unternehmensführung, der es offensichtlich egal ist, ob immer wieder Kopierpapier verschwindet, schaut auch sonst nicht so genau hin. Und solche Ansichten wirken sich unmittelbar auf das Betriebsklima aus. Es hat keinen Sinn, nach dem Dieb zu fragen. Der wird sich nicht zu erkennen geben. Informieren Sie Ihre Mitarbeiter dennoch über die Diebstähle. Sie signalisieren damit, dass Sie über alles auf dem Laufenden sind. Und Sie legen gleichzeitig einen Wertmaßstab fest: Sie dulden keine Diebstähle. Machen Sie Ihren Mitarbeitern klar, dass niemand mehr offen eine Geldbörse liegen lassen sollte. Äußern Sie keine Vermutung, wer der Dieb sein könnte, schon gar nicht, wenn es sich um einen Außenstehenden handelt wie etwa die Putzfrau. Und unterbinden Sie jede Mutmaßung eines Kollegen. Schildern Sie die Situation, wie sie sich darstellt, und rufen Sie Ihre Mitarbeiter zur Vorsicht auf. Für den Fall, dass einem Kollegen tatsächlich ein Diebstahl nachgewiesen wird, stimmen Sie Ihr Verhalten mit Ihrem Vorgesetzten ab, aber haben Sie auch den Mut, so etwas nicht durchgehen zu lassen. In diesem Fall ist mindestens eine Abmahnung fällig, sonst macht man sich lächerlich. Eigentlich sollten Sie eine Kündigung vorbereiten.

I wie Intrige

Es gibt wohl kaum eine hässlichere Charaktereigenschaft, als sich selbst auf Kosten anderer Vorteile zu verschaffen und Kollegen durch Intrigen bewusst das Leben schwer zu machen. Wirklich gefährlich ist eine Intrige, weil der Betroffene in der Regel als Letzter mitbekommt, dass heimlich an seinem Stuhl gesägt wird – gegenseitiges Vertrauen und Wir-Gefühl in einem Team sind unwiederbringlich zerstört. Intrigen finden schnell Nährboden, gerade in einem Team, das erst noch zusammenwachsen muss, weil hier die Zuständigkeiten noch nicht klar abgesteckt sind. Unterbinden Sie Gerüchte, verlassen Sie sich nicht auf das, was Ihnen andere zutragen, und wenn Sie irgendwo ein Fünkchen Wahrheit vermuten, reden Sie direkt mit dem Mitarbeiter. Schreiten Sie sofort und unnachgiebig ein, wenn einer Ihrer Mitarbeiter Intrigen gegen einen anderen schürt. Im Wiederholungsfall hilft auch hier nur nach erfolgter Abmahnung die Versetzung oder Kündigung.

K wie Kantine

Unabhängig davon, wie das Essen in Ihrem Betriebsrestaurant ist: Nirgendwo im ganzen Betrieb kann man sich – vom Unternehmen gesponsert – so angenehm informell austauschen wie in der Kantine. Und so sollten Sie die Gelegenheit nutzen, zumindest einmal in der Woche ein gemeinsames Mittagessen als Jour fixe mit Ihrem Team zu organisieren. Damit der informelle Charakter erhalten bleibt und die ganze Sache nicht hochoffiziell wird, können Sie vereinbaren, nur im Notfall über die Arbeit zu sprechen. Es gibt immer noch Unternehmen, in denen Geschäftsführung, übrige Führungskräfte und Mitarbeiter an getrennten Tischen oder zu unterschiedlichen Zeiten essen. Das ist zwar anachronistisch und bedauerlich, weil man so nicht nur in Konferenzen unter sich bleibt. Allerdings können Sie sich so einer Regel nicht entziehen, ohne die Anerkennung der Führungsriege zu verlieren. Machen Sie in diesem Fall Ihrem Vorgesetzten klar, dass Sie einen Jour fixe mit Ihrem Team auf jeden Fall durchführen werden und deshalb mit Ihren Mitarbeitern separat essen gehen. Lassen Sie sich von Ihrem Vorgesetzten sein Wort geben, dass er Ihnen für diese Aktion den Rücken freihält.

L wie Lustmolch

Sexuelle Belästigung am Arbeitsplatz ist das heißeste Eisen überhaupt, und die Chance, dass Sie sich die Finger verbrennen, wenn so etwas in Ihrem Team vorkommt, ist wirklich groß. Es werden bei weitem mehr Frauen sexuell belästigt als Männer, obwohl es auch diese Fälle in beträchtlicher Zahl gibt. In deutschen Betrieben herrschen noch keine «amerikanischen Verhältnisse», wo viele Vorgesetzte fürchten müssen, aufgrund einer unbedachten Äußerung auf große Entschädigungssummen verklagt zu werden. Dennoch sollte jede Äußerung eines Mitarbeiters, der sich belästigt fühlt, sehr ernst genommen werden. Informieren Sie deshalb sofort Ihren Vorgesetzten und prüfen Sie, ob es in der Vergangenheit solche Vorfälle gegeben hat. Tun Sie ein derartiges Vorkommnis nie als Bagatelle ab. Was sexuelle Belästigung ist und was nicht, entscheidet im Zweifel immer der Belästigte. Des Weiteren können Sie im Normalfall davon ausgehen, dass sich kein Mitarbeiter leichtfertig bei Ihnen einfindet und eine solche Anschuldigung vorbringt. Es erfordert viel Mut, die Schamgrenze zu überwinden. Machen Sie zu Beginn des Gespräches klar, dass Sie Ihren Vorgesetzten über alles informieren werden, denn Sie müssen schnell herausfinden, ob hier tatsächlich eine Belästigung passiert ist oder ob vielleicht eine Intrige gesponnen wird. Führen Sie danach schnell ein Gespräch mit dem «Beschuldigten», bei dem auch Ihr Vorgesetzter anwesend ist, damit dieses Gespräch auch rechtlich abgesichert verläuft. Erklären Sie dem Mitarbeiter, worum es geht, und verlangen Sie eine Stellungnahme. Wenn sich herausstellt, dass die Anschuldigung Hand und Fuß hat, der Mitarbeiter es aber «gar nicht so gemeint» hat, stellen Sie klare Verhaltensregeln auf. Wenn üble Nachrede im Spiel ist, sollte der «belästigte» Mitarbeiter eine Abmahnung erhalten. Wenn es zu körperlichen Angriffen gekommen ist, hilft nur der Weg zum Hausjuristen. In diesem Fall können Sie nichts weiter tun, als einen rechtlichen Weg einzuschlagen.

M wie Mobbing

Je knapper das Gut «Arbeitsplätze» wird, desto härter wird der Wettbewerb – und desto unfairer. Dem Thema Mobbing widmen sich mittlerweile unzählige Volkshochschulkurse, Trainingsmaßnahmen, psychologische Weiterbildungskurse und Publikationen. Die Angaben darüber, wie viel Geld uns alle gemobbten Mitarbeiter kosten, variieren stark. Die Schätzung einer großen Krankenkasse von November 1999 geht von Gesamtkosten für Behandlung, Krankengeld, Ausfallzeiten etc. von 10 000 bis 50 000 Mark pro Person aus. Tatsache ist, dass der finanzielle Schaden für das Unternehmen und die persönliche Belastung für den Mitarbeiter gigantisch sind. Schon allein durch das Spinnen von Intrigen kann ein Mitarbeiter gemobbt werden. Da werden Informationen vorenthalten, wird hinter dem Rücken schlecht geredet. Es verschwinden Briefe, und E-Mails werden gelöscht. Absprachen mit ungeliebten Kollegen werden nicht eingehalten, da die dann vielleicht gerade auf Dienstreise oder im Urlaub sind. Ziel aller Mobbingaktivitäten ist es, einen bestimmten Kollegen am Arbeitsplatz als uninformiert, inkompetent und damit als ungeeignet hinzustellen. Halten Sie als Teamchef die Ohren und die Augen offen, denn solche Tendenzen zerstören das beste Team. Und es erfordert Aufmerksamkeit, sich nicht zum Handlanger machen zu lassen. Sprechen Sie einen gemobbten Mitarbeiter auf Ihre Beobachtung an, denn er wird vielleicht nicht den Mut finden, zu Ihnen zu kommen. Sichern Sie diesem Kollegen auf jeden Fall Ihre Unterstützung zu. Lassen Sie sich seine Sicht der Umstände erklären, und führen Sie daraufhin Einzelgespräche mit allen Beteiligten. Fragen Sie Ihre Mitarbeiter in einem Gruppengespräch, bei dem alle Beteiligten anwesend sind, warum sie die vielen Vorzüge eines Teams aufs Spiel setzen, damit ein oder zwei Mitglieder persönliche Interessen durchsetzen können. Wenn sich an der Situation des gemobbten Mitarbeiters nichts ändert, sollten Sie ihm die Versetzung in eine andere Abteilung anbieten oder diesen Kollegen mithilfe eines Beraters in einem anderen Unternehmen unterbringen. Erstens ist es diesem Mitarbeiter persönlich kaum mehr zuzumuten, in einer solchen Atmosphäre weiterzuarbeiten. Zweitens kostet Sie das weit weniger Geld als ein Mitarbeiter, der aufgrund psychischer Probleme über Monate oder Jahre arbeitsunfähig ist. Sie werden vielleicht einwenden, dass es doch gerechter sei, die Mobber zu entlassen. Allerdings müssten Sie in einem solchen Fall der halben Abteilung die Kündigung aussprechen. Außerdem sollten Sie auch nicht vergessen, was wir schon an anderer Stelle erwähnt haben, dass es nämlich nur sehr selten reine Opfer gibt. Es wäre schon eine große Ausnahme, wenn ein Mobbing-Opfer wie der Hund zum Tritt in diese Situation geraten ist. Was übrigens nichts daran ändert, dass Mobben eine höchst perfide Art ist, sich eines Mitarbeiters zu entledigen. Die einfachste und sicherste Methode für Sie, die Arbeitsatmosphäre wieder zu verbessern, ist, den Gemobbten in einem anderen Team unterzubringen.

Versuchen Sie, dem Mobbing den Nährboden zu entziehen. Das schaffen Sie am besten mit Transparenz. Vergeben Sie klare Aufgaben. Achten Sie darauf, dass die Hierarchien in Ihrer Abteilung oder in Ihrem Unternehmen eingehalten werden, dass jeder vom anderen weiß, was dieser zu tun hat. Geben Sie Einschätzungen ab. Erklären Sie jedem Mitarbeiter, warum er gerade diese Aufgabe, diesen Titel, diesen Zuständigkeitsbereich erhalten hat und warum Sie ihn wie einschätzen. So geben Sie Ihren Mitarbeitern die Chance, sich selbst richtig einzuschätzen und nicht auf etwas zu hoffen, das nicht eintreffen wird. Dadurch braucht Ihr Team auch keine Energie in eine Hackordnung oder in das Mobben eines Kollegen zu stecken, denn Sie haben schon vorgegeben, wie die Aufgaben verteilt sind.

N wie Nudel

All die Mitarbeiter, die am besten über jeden Einzelnen im Team Bescheid wissen, die Ihnen genau erklären können, wer wann mit wem was angestellt hat, die über alles und jeden alle Details kennen, sind Betriebsnudeln. Sie haben ihre Ohren und Augen überall, unterhalten auf allen Ebenen beste Kontakte und scheinen kein eigenes Zuhause zu haben, denn sie sind oft und gerne in der Firma, manchmal auch viel länger als eigentlich nötig. Persönliche Gespräche am Arbeitsplatz – auch wenn sie Zeit kosten – sind wichtig, denn sie gewährleisten, dass die Arbeitsatmosphäre entspannt ist. Wenn allerdings über betriebliche Interna getratscht wird, ist die Sache gefährlich. Da plaudert die Assistentin der Geschäftsführung die Gehälter der Mitarbeiter aus, der Computerfachmann berichtet von der Unterhaltung des Bereichsleiters mit der Buchhaltung, die er während der Reparatur eines Druckers hören konnte, usw. Neben der Frage nach Vertrauenswürdigkeit und Loyalität ist hier vor allem der Aspekt wichtig, dass in der Regel das Ansehen der Firma oder einzelner Mitarbeiter beschädigt wird. Dies ist den meisten Tratschtaschen überhaupt nicht bewusst. Sollten Sie so einen Mitarbeiter im Team haben, machen Sie ihm sein geschäftsschädigendes Verhalten bewusst, und appellieren Sie an sein Teamgefühl. Nach Absprache mit

Ihrem Vorgesetzten hilft auch hier manchmal eine Abmahnung.

P wie Privilegien

Für den einen ist es der Geschäftswagen, das Firmenhandy oder der reservierte Parkplatz, für den anderen ist es die Ausstattung des Büros oder die Stellung des Schreibtischs. Um kaum etwas anderes wird so viel gestritten wie um Privilegien. In den Zank-Hitparaden rangieren all diese Dinge noch vor dem Gehalt, denn die Höhe des Gehaltsstreifens hält man geheim – Firmenwagen und eigenes Büro sind für jeden sichtbar und damit Statussymbol. Die meisten Mitarbeiter leiden extrem darunter, ebensolche Privilegien nicht genießen zu können. Mit einigen dieser Luxusgüter innerhalb der Firma werden auch Sie ausgestattet sein. Freuen Sie sich daran, aber tragen Sie Firmenparkplatz, Geschäftswagen, Handy, Laptop oder Geschäftsreise nicht wie eine Monstranz vor sich her. Denn all das macht aus Ihnen noch keine gute Führungskraft. Und wenn Sie einen Mitarbeiter mit einem Privileg auszeichnen, sollten Sie genau abwägen, ob es nötig ist und wer an der Reihe ist. Selbst dabei, wie häufig Sie mit wem bei geschlossener Tür reden, sollten Sie aufmerksam sein. Ihre Mitarbeiter werden genau registrieren, mit wem Sie häufiger, nie oder nur selten zusammensitzen.

R wie Routine

Jede Arbeit wird irgendwann einmal zur Routine. Das ist gut so, denn sonst würden Sie wahrscheinlich irgendwann durchdrehen, wenn Sie immer wieder von vorne anfangen müssten.

Außerdem können Sie so Ihre Arbeitslogistik verbessern und mehr erledigen. Dinge fallen Ihnen nach einiger Zeit leichter, zum Beispiel Entscheidungen zu treffen. Über die Monate werden Sie feststellen, dass Sie auch mit Ihren Führungsaufgaben sicherer und routinierter umgehen werden. Seien Sie froh, denn es zeigt Ihnen, dass Sie auf dem richtigen Weg sind. Im anderen Fall wären Sie ja kontinuierlich überfordert, und das hält kein Mensch auf Dauer aus. Routine hat allerdings auch eine unangenehme Seite: Mit zunehmender Übung schleichen sich natürlich auch Fehler ein. Gerade in Verhaltensweisen, die von Ihren Mitarbeitern gar nicht positiv aufgenommen werden. Wenn Sie darüber nie ein Feedback erhalten, provozieren Sie irgendwann einen Konflikt, der mühselig wieder aus der Welt geschafft werden muss. Vermeiden Sie routiniert-schlechte Führung, indem Sie regelmäßig, etwa nach erledigten Aufgaben oder Projekten, Ihr Führungsverhalten erst einmal mit Ihrem Vorgesetzten und im Teammeeting auf den Prüfstand stellen. Nehmen Sie kritische Rückmeldungen Ihrer Mitarbeiter ohne Rechtfertigung auf, und gehen Sie danach mit mehr Bewusstsein an diese Situationen heran.

S wie Seilschaften

Das gibt es in jeder Firma: eine Gruppe von Mitarbeitern, die ganz offenkundig immer über alles Wichtige am besten und vor allem frühzeitig informiert ist. Der Kopf einer solchen Seilschaft steht normalerweise ganz oben in der Firmenhierarchie. Zu solchen Personen engeren Kontakt zu haben poliert das Selbstbewusstsein vieler Kollegen. Sie haben durch diesen Informationsfluss in vielen Fällen einfach die Nase vorn und einige Vorteile, die sich durch schnelle Karriere oder andere

Förderung in Mark und Pfennig auszahlen. Seilschaften ziehen sich durch alle Ebenen und Abteilungen des Unternehmens, und es ist kaum zu durchblicken, wer wem einen Gefallen schuldet, wer wem unter die Arme greift oder schon einmal gegriffen hat. Wenn Sie also ahnen, dass sich ein Glied einer Seilschaft in Ihrem Team befindet, müssen Sie aufpassen, wem Sie welche Informationen geben. Vielleicht möchten Sie sich einer Seilschaft bedienen, um gezielt Informationen zu streuen. Aber unterschätzen Sie den Einfluss und die Stärke einer Seilschaft nicht. In der Regel wird es Ihnen nicht gelingen, die Verbindungen in einem solchen Beziehungsgeflecht zu durchtrennen. Versuchen Sie lieber, die betreffende Person kaltzustellen in Bezug auf Informationen und Vertraulichkeiten. Am angenehmsten ist es tatsächlich für Sie, diesen Kollegen über kurz oder lang in ein anderes Team abzuschieben. Selbstverständlich können Sie versuchen, sich Ihrerseits in eine Seilschaft aufnehmen zu lassen. Wenn allerdings der Kopf einer Seilschaft das Unternehmen verlässt oder an Einfluss verliert, rutscht eigentlich immer der Rest der Mannschaft mit ab. In solchen Fällen werden besonders in größeren Unternehmen gerne ganze Führungsriegen ausgetauscht.

T wie tschüs

Irgendwann muss sich jeder Mitarbeiter verabschieden. Im Kapitel «Veränderungen» haben wir Ihnen einige Tipps gegeben, was Sie in so einem Fall als Führungskraft unternehmen können. Aber was machen Sie, wenn Sie selbst gehen? Vielleicht haben Sie eine neue Position in Ihrer Firma angeboten bekommen, Sie erklimmen eine weitere Stufe auf Ihrer Karriereleiter, oder Sie wechseln das Unternehmen. Mehrere

Dinge sollten Sie tun: Zum einen geht es darum, Ihrem Nachfolger einen ordentlichen und überschaubaren Arbeitsplatz zu übergeben. Mit anderen Worten müssen Sie all das tun, was wir zumindest schon beim Thema «Know-how-Transfer» beschrieben haben. Das zumindest sind Sie dem weiteren Erfolg Ihres Teams schuldig. Sie sollten aber auch versuchen, auf die Wahl Ihres Nachfolgers Einfluss zu nehmen. Vielleicht bietet sich ja einem Teammitglied die Chance zum Aufstieg. Eventuell aber wird die Position mit einem anderen Mitarbeiter der Firma besetzt oder extern ausgeschrieben. Dann sollten Sie Ihrem Vorgesetzten helfen, einen Kandidaten auszuwählen, der möglichst gut zu Ihren Mitarbeitern passt.

An Ihrem letzten Arbeitstag müssen Sie natürlich Ihren Ausstand feiern. Achten Sie darauf, dass der nicht peinlich ausfällt.

Der Niederlassungsleiter eines Endoprothetikherstellers beispielsweise ließ in der Kantine ein Büfett für 60 Personen ausrichten. Von den 60 geladenen Gästen erschienen allerdings nur 19 und davon waren 12 auch noch eigene Mitarbeiter. Oder der Außendienstleiter, der zum Aufbau des Büfetts Unterstützung bei seinen Mitarbeitern suchte und dann Kartoffelsalat und Würstchen aus dem billigsten Supermarkt servierte. Nichts spricht gegen einen preiswerten Einkauf. Aber vieles dagegen, den Ruf eines Geizkragens zu erwerben. Halten Sie die Abschiedsrede kurz, und versuchen Sie, nicht allzu emotional zu werden. Scheidende Führungskräfte, die in Tränen ausbrechen, sind für alle Kollegen und Vorgesetzten peinlich.

U wie Urlaub

Ihren Urlaub haben Sie sich verdient. Zwei Gefahrenpunkte allerdings sollten Sie kennen. Einige Führungskräfte halten sich für so unersetzlich, dass sie maximal eine Woche Urlaub am Stück machen. Abgesehen davon, dass Sie nur Raubbau an Ihrer Gesundheit treiben und das eigene Selbstwertgefühl bürsten, zeigen Sie in Wirklichkeit vor allem eines: dass Sie Angst davor haben, dass es auch mal drei Wochen ohne Sie klappt. Die zweite Klippe ist die Urlaubsvertretung, wenn Sie genau an dieser Stelle nicht vorgesorgt haben. Denn selbstverständlich ist es auch Teil Ihrer Arbeitsaufgabe, einen Stellvertreter auszubilden. Auf jeden Fall sollten Sie nicht jeden dritten Tag aus dem Urlaub in Ihrer Firma anrufen und fragen, ob alles läuft. Sie machen sich selbst und alle anderen verrückt. Und Sie zeigen Ihrem Stellvertreter sehr deutlich, was Sie von ihm halten – nämlich gar nichts. Nehmen Sie lieber das Handy mit, und hören Sie einmal am Tag die Mailbox ab, auf die Ihr Stellvertreter im Notfall sprechen kann.

V wie verdreckt

Es gibt Menschen, die brauchen einen ordentlichen Schreibtisch. Er gibt ihnen das Gefühl, alles im Griff zu haben und den Überblick zu behalten. Und es gibt Menschen, die fühlen sich nur wohl, wenn «kreatives Chaos» herrscht. Unabhängig davon, wie viel Unordnung ein Mitarbeiter braucht, um sich wohl zu fühlen und gute Arbeit abzuliefern, ist die äußere Erscheinung eines Arbeitsplatzes zu einem Teil auch Ausdruck der inneren Einstellung. Außerdem bieten Sie mit einem Mitarbeiter, der sich tatsächlich am Arbeitsplatz gehen lässt, Angriffsfläche für Dritte, die Ihr Team besuchen. Sehen Sie nicht gutmütig über leere Kaffeebecher, verstaubte Aktenordner oder sogar Umzugskartons unter einem Schreibtisch hinweg. Sprechen Sie Ihren Mitarbeiter darauf an, und vereinbaren Sie Spielregeln. Wenn Sie diesen Mitarbeiter und seine Leistung schätzen, dann machen Sie mit ihm aus, dass einmal pro Woche die Putzkraft für Ordnung sorgt.

Z wie Zigarette

Für viele Raucher ist die Zigarette so nebenbei – «Ich geh mal eine rauchen» – zu einer Selbstverständlichkeit geworden, über die kaum noch nachgedacht wird. Es gibt allerdings nur noch verschwindend wenig Firmen, in denen direkt am Arbeitsplatz geraucht werden darf. Meistens ist die Zigarette zwischendurch lediglich in ausgewiesenen Raucherzonen erlaubt. Doch was tun Sie, wenn einer Ihrer nichtrauchenden Mitarbeiter mehr bezahlte Freizeit an Arbeitstagen einfordert? Selbstverständlich dürfen Sie nicht so einfach das Rauchen während der Arbeitszeit verbieten. Aber rechnen Sie einmal nach, wie viel «Auszeit» sich ein Raucher bei voller Bezahlung nimmt und dies als das Normalste der Welt ansieht. Je Zigarette können Sie von sieben Minuten ausgehen, plus Wegzeit zur nächsten Raucherzone, plus Rauchpartner, mit dem man plaudert, denn keiner geht gerne alleine rauchen. Bei nur zwei Zigaretten am Vor- und Nachmittag summiert sich das zu einer Stunde und in einer Arbeitswoche mit allem Drumherum fast zu einem vollen Arbeitstag, den Sie auf der Stundenabrechnung indirekt ablesen können. Das ist dann ein freier Tag in der Woche, den sich jeder Raucher einfach so als bezahlten Urlaub nimmt. Wenn Ihnen die Produktivität Ihres Teams und auch die Gleichbehandlung Ihrer Mitarbeiter wichtig sind, müssen Sie aktiv werden. Sie können in Ihrem Team versuchen, für das Rauchen eindeutige Spielregeln zu vereinbaren. Entweder wird nur in der Mittagspause geraucht, oder Ihre rauchenden Mitarbeiter arbeiten freiwillig 5 Stunden mehr pro Woche.

Im Herbst 1999 hat die deutsche Tochter eines japanischen Elektronikkonzerns in Hamburg diese 5 Stunden Mehrarbeitsregelung für Raucher, die auch außerhalb der Pausenzeiten nicht auf die Zigarette verzichten wollen, durchgesetzt.

Wenn Sie in Ihrem Team über das Rauchen keine einvernehmliche Lösung finden, bleibt Ihnen nichts anderes übrig, als den offiziellen Weg zu aktivieren. Und der besteht aus einer Betriebsvereinbarung für das ganze Unternehmen. In einem solchen Vertrag legen Unternehmensleitung und Betriebsrat alle Regeln für das Rauchen am Arbeitsplatz fest. Insofern können Sie Ihren nichtrauchenden Mitarbeitern durchaus vorschlagen, ihre Interessen über den Betriebsrat selbst einzubringen. Besprechen Sie sich für so einen Fall mit Ihrem Vorgesetzten, und machen Sie ihm klar, dass Sie sich für die Belange Ihrer nichtrauchenden Mitarbeiter einsetzen werden.

Blanchard, Kenneth; Oncken, William; Burrows, Hal (Hg.):
Der Minuten Manager und der Klammeraffe. Reinbek
1995

Blanchard, Kenneth; Zigarmi, Patricia:
Der Minuten Manager: Führungsstile. Reinbek 1999

Landsberg, Max: The Tao Of Coaching. London 1997

Leymann, Heinz: Mobbing. Reinbek 1993

Liebel, Hermann; Oechsler, Walter: Handbuch Human
Resource Management. Bamberg 1994

Lumma, Klaus: Strategien der Konfliktlösung. Hamburg
1988

Rosenstiel, Lutz von; Regnet, Erika; Domsch, Michael (Hg.):
Führung von Mitarbeitern. Stuttgart 1999

Sabel, Herbert: Sprechen Sie mit Ihren Mitarbeitern.
Bamberg 1993

Sattelberger, Thomas: Die lernende Organisation. Wiesbaden
1996

Schulz von Thun, Friedemann: Miteinander reden,
3 Bde. Reinbek 1999

Sprenger, Reinhard: Mythos Motivation. Frankfurt a.M. 1997

Sprenger, Reinhard: Prinzip Selbstverantwortung. Frankfurt
a.M. 1999

Strametz & Partner, Hamburg: Fördern Führungskräfte die
Zusammenarbeit ihrer Mitarbeiter? Wissenschaftliche
Studie 1998

Studnitz, Andreas von: Neue Wege zu richtiger Zusam-

menarbeit. In: Gedanken zur Personalführung, Ausgabe
5/1997; Beilage zum «Hamburger Abendblatt»
Studnitz, Andreas von: Wie finde ich den Richtigen für
mein Team? In: Gedanken zur Personalführung. Ausgabe
6/1999; Beilage zum «Hamburger Abendblatt»
Thomann, Christoph: Klärungshilfe – Konflikte im Beruf.
Reinbek 1998